I0113518

COLLECTION DES DOCTRINES POLITIQUES

Publiée sous la direction de A. MATER

XVI

&R
22208
(16)

LA
SOCIOCRATIE

Essai de Politique positive

PAR

Eugène FOURNIÈRE

PARIS (5ᵉ)

V. GIARD & E. BRIÈRE

LIBRAIRES-ÉDITEURS

16, Rue Soufflot et Rue Toullier, 12

1910

LA SOCIOCRATIE

Essai de Politique positive

8ᵉ R

22208 (16)

COLLECTION DES DOCTRINES POLITIQUES

Publiée sous la direction de A. MATER

XVI

DÉPOT L[...]

Seine

N°...733

1910

LA

SOCIOCRATIE

Essai de Politique positive

PAR

Eugène FOURNIÈRE

PARIS (5ᵉ)

V. GIARD & E. BRIÈRE

LIBRAIRES-ÉDITEURS

16, RUE SOUFFLOT ET RUE TOULLIER, 12

1910

LA SOCIOCRATIE

CHAPITRE PREMIER

INSUFFISANCE DE LA DÉMOCRATIE PURE

I. — *La Démocratie et le Contrat social*

A mesure que la démocratie progresse, la société traverse une crise dont elle ne peut sortir que transformée. Cette épreuve est plus rude en France qu'ailleurs, parce qu'on y poursuit à la fois deux entreprises, hors de toute tradition et de tout exemple : nous prétendons fonder nos institutions sur une approximation constante de l'égalité et notre morale sur la raison. Deux siècles de pensée et d'action critiques nous l'imposent, et la fatigue d'un si grand effort nous condamne à ne trouver de repos que dans un effort plus grand encore.

Fournière

1

Une contradiction en apparence insoluble se dresse devant nous comme pour nous donner le lâche et funeste conseil de nous renier : Libérer l'individu de toute contrainte extérieure, et en même temps délivrer sa conscience des motifs de craindre les mystérieux châtiments de l'Au-delà, n'est-ce pas déchaîner les appétits du fauve et faire de la société une forêt où seuls se repaîtront les êtres de force et de ruse ? Comment, en cet état, un tel individualisme acceptera-t-il de se soumettre à la règle de socialisation croissante que tracent d'elles-mêmes la science et l'industrie par chacun de leurs progrès ?

En réalité, il n'y a pas antinomie entre les deux termes du problème, mais contradiction dans les esprits qui se le posent. Les uns ne veulent point de solution et s'accordent à nier qu'aucune soit possible ; les autres se refusent tout regard en arrière, mais sont en querelle sur la voie qui mène en avant. Les premiers semblent avoir ainsi l'avantage selon la logique : mais ils seraient bien plus embarrassés que les seconds si, par impossible, leurs tentatives de réaction aboutissaient.

Pour aborder le problème avec l'espoir d'une solution, il faut avoir le courage de tenir la démocratie pour un régime de transition et non pour le fondement politique d'une société telle que la font nos besoins et nos sentiments actuels. La démocratie peut être le gouvernement d'un peuple par lui-même, ou plutôt par sa majorité de pauvres, tant que ce peuple accepte qu'il y ait une classe de pauvres et une classe de riches. L'aristocratie, dirigée ou non par un monarque, fut ainsi un gouvernement de classe ou de caste : le gouvernement des riches, des conquérants, sur la masse des pauvres, des conquis. Les maîtres d'autrefois ont pu gouverner la majorité numérique, tenue en tutelle, en minorité intellectuelle et civique ; mais l'exercice de la puissance publique était alors rudimentaire et ses fonctions dispersées entre de grands corps autonomes qui ne laissaient guère à l'Etat que celle de défendre ou de reculer les frontières.

La démocratie repose sur un contrat que chaque citoyen est appelé à signer, soit ; mais avec qui contractera-t-il ? Jean-Jacques Rousseau a répondu, et l'on répète sans examen : Avec la société. Mais quand on cherche la société, on ne la trouve pas : on ne trouve que l'Etat. C'est donc par lui que chacun contractera avec tous. Soit encore. Mais quel contrat ai-je à passer avec tous au moyen de l'Etat ? Notre statut social s'exprime dans deux codes ; le pénal, qui engage les malfaiteurs, et le civil, les propriétaires. Si je ne suis ni malfaiteur, ni propriétaire, le contrat est inopérant à mon égard et je n'en ai que faire.

Ici intervient le socialisme, qui propose d'employer la démocratie à achever le contrat en faisant de la société l'unique propriétaire de tous les moyens de production et de l'Etat le gérant d'une propriété dont les fruits seront répartis également entre tous les citoyens. Nous voici alors devant une contradiction insoluble : dans une démocratie fondée uniquement sur un statut de liberté individuelle, les forts écrasent les faibles ; mais s'il existait une démocratie d'égaux, nul n'y serait libre ; quant à la démocratie de citoyens libres et égaux, elle n'existe que sur le papier.

On dira que ce n'est pas une raison de nier qu'une telle démocratie soit possible ; mais il en est une autre tirée des faits qui se produisent chaque jour sous nos yeux. Nous voyons en effet qu'à mesure de ses interventions en faveur du travail contre le capital, la démocratie politique augmente les attributions de l'Etat, mais n'en accroît pas pour cela la puissance exécutive et l'autorité morale, au contraire. Que sera-ce donc si, un jour, nous lui confions l'immense tâche, non de veiller à l'observation du contrat économique, base matérielle du contrat social, mais de le pratiquer lui-même vis-à-vis de chacun de nous !

Heureusement, tandis que les théoriciens politiques et sociaux se heurtent à tâtons dans la confusion des doctrines contradictoires, ou parallèles, ou divergentes, les sentiments et les besoins agissent et des courants se forment. Mais comme chacun de ces courants trouve immédiatement des doctrinaires pour le fixer en formule en l'isolant des autres, déclarés impurs ou aberrants, la confusion tourne au chaos. Et tandis qu'aux Etats-Unis des associations de capitalistes mettent en péril la démocratie, en France l'Etat a pour adversaires les syndicats ouvriers qui s'exercent à reconstruire la société par leurs propres et uniques moyens en la ramenant à leur propre et unique plan.

La démocratie est-elle donc condamnée à être annulée par la ploutocratie ou dissoute par l'anarchie ? Oui, si elle ne se transforme pas. Le monde social s'est transformé depuis un siècle : elle seule tient ses principes pour immuables et juge ses moyens parfaits. Un peuple censé souverain délègue sa souveraineté à des fonctionnaires temporaires, qui se servent de l'Etat comme s'en servirent César-Auguste, Louis XIV ou Napoléon : voilà tout le système. Il doit valoir pour le souverain collectif comme il valut pour les souverains individuels. Mais c'étaient des rois fainéants, au prix des tâches qu'on exige de la démocratie souveraine, et qu'il lui faut accomplir sous peine de disparaître, c'est-à-dire de laisser ramener la puissance publique aux tâches simples· d'autrefois en les remettant à une classe privilégiée.

Le gouvernement des sociétés n'a d'ailleurs jamais été purement et exclusivement politique. Mais si, jusqu'à l'apparition de la démocratie, la part politique était seule laissée à l'Etat, les autres parts étaient assumées par de grands corps constitués : c'est ainsi que le gouvernement économique revenait à la corporation, le gouvernement moral à l'Eglise et que les parlements avaient le monopole de la justice. Les progrès intellectuels, économiques et politiques ont brisé ces cadres fixes, dont le contenu s'est réparti entre l'Etat et les individus. Ceux-ci ont alors spontanément reformé d'autres cadres, multipliés et diversifiés en raison de la complexité croissante des sentiments, des idées et des besoins nouveaux.

Ces cadres, ce sont les associations de toute forme et de toute nature, dont la plupart, les seules viables et, en tout cas, les seules vraiment utiles, se fondent sur un statut de liberté et d'égalité et se limitent à un objet unique et

précis, pour lequel seul l'associé est engagé.
C'est à elles qu'il appartient de transformer en
un régime de liberté réelle et d'égalité de moyens
une démocratie désormais condamnée à l'impuissance ou à la tyrannie. Il se produit en ce
moment une poussée d'associations : volontaire-
ment ou non et par la nécessité même de leur
développement et de leurs contacts mutuels, elles
tendent toutes à donner à l'individu sa pleine
autonomie dans une socialité accrue et étendue.
Ce mouvement nous indique déjà la nature,
sinon encore la forme, de cette sociocratie en
devenir, dans laquelle la démocratie trouvera les
éléments et les moyens de sa transformation.

II. — *Le prétendu retour au Régime corporatif*

Employer un mot nouveau pour désigner une
vieille chose est aussi fréquent en politique qu'en
philosophie. La sociocratie est-elle donc un fla-
con dans lequel se transvaserait la liqueur éventée
des corporations et autres organismes fermés et
privilégiés de l'ancien régime ? Ce qu'en montre
un premier examen ne semble en effet s'être
formé que par exception à la règle commune,
au-dessous ou au-dessus du droit commun. C'est
parce que le droit commun de circulation des

produits ne s'est pas encore internationalisé que
les trusts se sont constitués en Amérique à l'a-
bri de tarifs protecteurs jusqu'à la prohibition.
Nous avons en France depuis 1901 un droit
commun des associations, mais il n'a pas supprimé le droit particulier des syndicats professionnels. Tant que la puissance publique se
borna à tolérer les sociétés de secours mutuels,
elles végétèrent : une loi qui leur donne la pro-
vende publique a fait passer en quelques années
le nombre de leurs membres de un à quatre millions.

Si l'on poursuit l'examen, une autre analogie
apparente s'offre au regard : ces associations
privilégiées, mises au monde par une inadver-
tance de l'Etat, reconnues par lui après leur
naissance et parfois nourries de son budget, se
tournent contre lui pour l'avilir, comme font
les trusts, lui dicter des lois à leur convenance,
comme font les mutualités, ou le supprimer,
comme font les syndicats révolutionnaires. Ces
grands groupes d'intérêt vont-ils s'emparer, une à
une, des attributions politiques, morales et sociales que Louis XI, Richelieu, Louis XIV, la
Convention et Napoléon donnèrent à l'Etat ?
C'est fort probable, car l'Etat ne possède aucun
moyen sérieux de préserver son empire de ce
démembrement. Même, plus la démocratie se

développera, ou plutôt développera ses conséquences initiales, et plus son évolution en sociocratie deviendra une nécessité pressante.

Mais la réalité ne nous est cachée sous ces
apparences que faute d'en avoir une notion pré-
cise. Et comment l'aurions-nous, puisque cette
réalité n'est pas un état fixe, mais un mouvement, un devenir continu ? Et comment ne
pas craindre une reconstitution du passé, puisqu'il est le seul type social connu avec lequel
les divers aspects du mouvement présent offrent
quelque analogie ? Cependant, il suffit de connaître le passé pour s'assurer que nul retour
n'en est possible. Les chambres de compensa-
tion, qui suppriment la circulation monétaire,
n'ont jamais été prises pour un retour au troc
primitif : la sociocratie ne nous ramène pas
davantage au régime des corps fermés et privilégiés. Les rapports sociaux du passé avaient
un tout autre caractère que ceux du présent :
ils se produisaient par prestation de services
sous la loi féodale, tandis que les échanges de
services ou de choses se produisent aujourd'hui
sous la loi commerciale, qui est essentiellement
contractuelle.

Autrefois, la terre, la caste, la corporation
attachaient l'individu. Si infime et si précaire que
fût leur liberté, les seuls hommes libres étaient

alors les marchands qui mobilisaient leur propriété et la portaient par tout l'univers. Aujour-
d'hui l'univers est un marché, et tout individu
un marchand. Entre l'état fixe, coutumier, féodal, isolant du passé, et l'état mouvant, contractuel, individuel, communicant d'aujour-
d'hui, il y a un abîme que seule une révolution
cosmique pourrait combler.

Comme les individus, les associations vont au
marché. Que le trust en fasse une foire d'em-
poigne, et nous rappelle ainsi les barons de jadis
pillant les marchands ; que le syndicat révolutionnaire menace de dévorer barons et marchands, puis de se dévorer lui-même : ces collectivités n'en vont pas moins au marché, et elles
n'en emporteront que ce qu'on leur laissera
prendre. Si l'État se trouve dans le lot des
marchandises convoitées, les uns et les autres
n'en prendront ou n'en détruiront que ce qu'il
laissera sous leur atteinte, ou ne vaudra pas
d'être gardé. Ou, plutôt, ils n'auront que ce
qu'ils paieront. Si le trust s'était borné à s'en-
fler de la substance des consommateurs sans
leur rien donner en échange, pour si grégaire-
ment isolés qu'ils soient dans l'immense troupeau
humain, ils ne l'en auraient pas moins brisé
dans une convulsion de révolte. Il a usuré, et
fraudé, et falsifié, c'est certain. Mais quel mar-

chand ne cherche fortune par tous moyens !
Quant aux syndicats révolutionnaires, ils demandent un plat de fèves et chantent victoire
pour un pois conquis, ou plutôt payé, large-
ment payé. Avant d'enlever un bœuf, qu'ils s'assurent bien de leurs serres et de leurs ailes : il
arriva pour moins que cela mauvaise aventure
au corbeau qui ne s'en était pas avisé.

L'Etat, il est vrai, n'est gardé par personne,
ou l'est mal, et par d'archaïques procédures
que chaque mouvement actuel annule l'une après
l'autre. Comme il est le gardien de la chose
commune et que, si elle est mise en péril, les
intérêts et les sentiments alarmés peuvent se
détourner de la démocratie et chercher un refuge
provisoire dans le césarisme, il importe que
l'Etat soit gardé par le nation. Mais pour qu'elle
soit portée à sortir de la passivité qui lui a fait
jusqu'ici accepter les réactions comme les révolutions, il faut que la nation ne voie plus dans
l'Etat un maître ou un étranger, donc un ennemi, mais l'instrument de ses volontés propres.
Or, ni la nation, demeurée encore sur le plan
amorphe de la démocratie primaire, ni l'Etat,
qui est toujours à peu de chose près la machine par laquelle les conquérants et les riches
ont mis en exploitation le troupeau national,
ne sont organisés pour être l'un la fin, sa

propre fin, et l'autre le moyen. Ce n'est que par
une impossible restauration du milieu patriar-
cal, féodal et sédentaire qu'on les réajusterait
l'un à l'autre, mais dans un rapport contraire.
Il nous faut donc aller de l'avant et trouver les
éléments de cet accord dans les organes issus
des besoins et des sentiments nouveaux de la
nation, c'est-à-dire développer la démocratie en
sociocratie. Apercevoir dans cette marche un
retour au passé, c'est se montrer aussi avisé
que la Constituante en 1791, lorsqu'elle prit une
grève de charpentiers pour un réveil des corporations défuntes et refusa par décret aux ouvriers le droit de se concerter pour défendre
leur pain.

III. — *Nécessité historique de l'Individualisme*
révolutionnaire

On disserte très doctement sur le rationalisme
de théorie et d'action qui nous a infligé, paraît-
il, ces inconciliables : l'individualisme, la démocratie et le socialisme. Attribuer une telle
puissance à une idéologie qui ne serait pas ins-
pirée par les faits, c'est méconnaître la science,
dont on se réclame, et abuser du positivisme,
dont on se couvre. Le régime de castes et de

corps héréditaires devenus des castes avait
épuisé sa vertu lorsque parurent les philosophes
radicaux et les économistes : ils constatèrent
que les cadres sociaux éclataient de toute part
sous la pression d'une multitude d'êtres humains
pour lesquels produire et échanger, communi-
quer librement dans l'ordre de l'action comme
dans celui de la pensée était devenu plus qu'un
désir, plus qu'un besoin : une nécessité vitale.

La corporation, avec ses maîtrises dégénérées
en instruments de fiscalité, n'emprisonnait plus
d'ailleurs qu'une minorité d'artisans ; et les
ouvriers qu'elle tenait encore sous sa dure règle
se syndiquaient en compagnonnages occultes
afin de laisser moindre prise. L'Eglise, liber-
tine dans le double sens du mot, pétrissait le
gâteau de ses prébendés, cadets et filles sans dot
de la noblesse, avec le pain noir du pauvre.
Enervés par Versailles, les féodaux perdaient
leur raison d'être en laissant le commandement
aux bas-officiers issus de la plèbe qui furent les
Hoche, les Masséna, les Bernadotte de la grande
guerre révolutionnaire. Les parlementaires ache-
taient très cher en gros le droit de juger et reven-
daient au détail, avec un bénéfice scandaleux,
une marchandise à laquelle manquait toujours
le poids ou la qualité, parfois les deux. Quant
à l'Etat, il était en faillite.

Pour sauver l'Etat et laisser vivre le travail garrotté par la corporation, la pensée brûlée par l'Eglise, la nation abandonnée de ses chefs militaires et la justice étranglée dans le prétoire, il fallut une révolution. Pouvait-elle se faire par réformes sériées, sagement échelonnées? Il est niais de poser seulement la question. Tout se tenait, tout communiquant, dans ces organismes de privilège, d'hérédité et de hiérarchie, aussi peu semblables aux associations d'aujourd'hui, si fermées et tyranniques seraient-elles, que la rondelle de cuir, monnaie des Grecs primitifs, l'est au billet de banque ou même à l'assignat.

Cette révolution ne s'est pas faite seulement sur une négation de tout ce qui arrêtait la vie sociale ou la rendait insupportable. Son principe positif sortait d'ailleurs de la négation même des institutions qui entravaient et géhennaient tous et chacun. Elle n'éclata cependant qu'au moment où les coffres de l'Etat furent vides. Mais les causes de cette viduité opéraient depuis un siècle et plus pour susciter la critique, puis la colère, enfin le geste qui brise tout. Pendant et corollaire du parasitisme des corps collectifs, le parasitisme de l'Etat menaçait chacun et tous dans leurs biens et dans leur liberté, leur vie même. Quel principe affirmer, sinon celui qui

niait toute tradition, toute hérédité, toute inégalité civile et civique? Les Droits de l'homme et
du citoyen sont nés de la décomposition du
régime de force et de tradition, qui tenait son
droit de son antiquité : ils n'ont pu se fonder
que sur le principe contractuel.

Mais, dans cette destruction nécessaire, inévitable, pourquoi l'Etat fut-il épargné? Parce qu'il
était l'unique lien entre les citoyens, l'unique
instrument et gardien concevable du contrat
qu'il s'agissait d'instituer. Parce que, tout au
moins tant que les nations ne seront pas élevées
à un plau de civilisation qui leur permette de
substituer un droit commun et ses juridictions
au droit de la force, nulle d'entre elles ne se
conçoit sans une autorité d'organisation, con-
traignante au besoin, de la défense nationale.
Et voyez avec quelle timidité on touche à cette
autorité nécessaire, et comme ceux qui s'en sont
emparés pour le salut public se montrent, en
dépit de leur rationalisme, respectueux des formes et de ses coutumes : il faut que le roi tra-
hisse la nation pour qu'elle se décide à ne plus
figurer la souveraineté dans cet être de tradition.

La Révolution se fit pour l'individu, certes ;
mais qu'y a-t-il donc en dehors de lui? La
famille? N'est-elle pas un groupe naturel d'in-

dividus ? Et d'ailleurs, tout imprégnée de droit romain, la Révolution n'a-t-elle pas subordonné étroitement la femme au mari et les enfants au père ? Si bien que, pour obéir à son principe par elle ici méconnu, ses continuateurs sont obligés aujourd'hui de desserrer un à un les liens qui font encore de la femme une mineure et de l'enfant une quasi-chose.

La société ? Encore une fois, où est-elle, où était-elle alors ? Sous l'ancien régime elle se divisait en castes et en corps, qui étaient autant de sociétés juxtaposées et superposées. Lorsque castes et corps eurent disparu, que resta-t-il comme représentation de la société ? L'État, uniquement. Fut-ce la faute des philosophes, dont la clairvoyance annonça la Révolution, et ainsi la prépara ? Pouvaient-ils créer de rien et tracer le plan d'une société sur des modèles dont rien, dans les travaux, les besoins et les sentiments de leurs contemporains, ne leur offrait les éléments ? D'ailleurs, de quel droit scientifique exiger des philosophes qu'ils tracent des plans de société ? L'État était là : il n'y avait qu'à l'utiliser pour donner à tous, par leur souveraineté politique, la liberté de produire et d'échanger, l'égalité de droits, la sécurité. Il appartenait aux individus devenus citoyens de demander à leur souveraineté les moyens de se procurer ce qui leur manquerait, notamment la propriété et le savoir, soit par leur propre effort, libre désormais de toute entrave juridique et sociale, soit par l'État, instrument de l'association générale des citoyens.

IV. — *La conception primaire de la Démocratie*

La Révolution donnait bien la propriété au paysan et la liberté à l'artisan, mais elle était foncièrement bourgeoise, et dans les institutions qu'elle fondait et dans le personnel qu'elle employait. Son principe d'égalité juridique et non réelle était conçu selon la notion la plus stricte du droit commercial, qui est pour la bourgeoisie la loi et les prophètes sous l'enseignement de ses économistes. L'acheteur d'une marchandise n'a point à savoir si celui qui la lui offre a dix enfants à nourrir ou s'il est célibataire, s'il relève d'une longue maladie ou s'il possède de la rente, pas même si la production de cette marchandise a demandé dix jours ou dix heures de travail ; mais simplement si elle lui convient et s'il peut l'obtenir au-dessous du prix demandé. De même pour le vendeur.

Ce vendeur n'apporte-t-il que ses bras au marché ? La marchandise, certes, n'est point

méprisable, mais celui qui n'a rien d'autre à
offrir doit être considéré comme un mineur dans
la cité. Ses bras sont délivrés des entraves corporatives : qu'il les emploie au mieux et il
deviendra un citoyen actif. Il aura prouvé qu'il
est digne de l'être lorsqu'il aura acquis une maîtrise qui désormais n'est plus ni fermée ni à
vendre. Tout cela est très étroitement réaliste et,
il faut le dire, très raisonnable. On veut une
société d'hommes libres, et l'on sait que l'état
de salariat, comme celui de domesticité, est une
demi-servitude. Le salarié n'est donc retenu au
seuil de la cité que provisoirement et pour
mieux l'encourager à acquérir ce qui lui en
ouvrira la porte : son travail, sa patience, son
intelligence et sa bonne conduite donneront à la
communauté civique un membre robuste et
sain.

Comment un pays d'agriculture morcelée et
d'industrie artisane eût-il pu se faire une autre
idée de la démocratie ? Seuls l'utopisme et le
prophétisme le pouvaient. A ce moment historique, le salariat n'était communément considéré
que comme un état transitoire, non socialement
mais individuellement ; c'était, pensait-on, une
suite de l'apprentissage, un moyen de perfec-
tionner l'artisan par le tour de France : lorsque
l'instruction serait assurée à tous, nul ne fonde-

rait un foyer sans avoir construit atelier ou boutique et ainsi acquis son plein droit de citoyen.

Que fût-il resté en dehors de cette masse d'hommes libres et égaux ? Au-dessus, trop libres, les riches ; au-dessous, encore asservis, les indigents, — ces derniers demeurés tels par infirmité ou faute d'avoir écouté les recommandations du bonhomme Franklin. Or, avant même qu'avec la Commune de Paris et Robespierre la démocratie tentât de socialiser, la loi du maximum fonctionna contre les riches et le droit des indigents au secours public fut inscrit dans la constitution. Mais, même avec les terroristes, qui dans leur constitution ajournée donnaient le droit de cité aux salariés, des peines terribles furent prononcées contre ceux qui attenteraient au principe de la propriété en proposant la loi agraire.

L'utopisme et le prophétisme demeurés jusque-là dans les livres, n'apparaissent qu'après Thermidor. Babeuf, qui achève la démocratie de Jean-Jacques par le communisme de Morelly (1), montre le premier que le nombre des individus écartés définitivement de tout accès à la propriété est beaucoup plus grand qu'on ne l'a cru,

1. Avec toute son époque, il attribue à Diderot le *Code de la nature*.

et il voit les riches s'enrichir davantage du trafic sur les biens nationaux. La réaction thermidorienne, d'autre part, ne s'occupe pas plus des pauvres pour les élever que des riches pour les contenir : elle s'éloigne du plan démocratique et se transforme en oligarchie. Il formule son communisme niveleur, agraire, plus qu'industriel, c'est-à-dire à l'image même des éléments économiques dominants, et il conspire pour l'imposer par la Constitution de l'an III remaniée en conséquence.

Ici, les adversaires de la Révolution ont barre sur ses défenseurs bourgeois, qui ont beau alléguer ses décrets contre la loi agraire et s'abriter derrière l'échafaud de Vendôme : logiquement, la démocratie aboutit au socialisme. A la démocratie primaire de Rousseau devait s'ajouter le communisme primaire de Babeuf comme l'unique moyen de la réaliser.

Aussi Fourier ne sera-t-il pas tendre pour les démocrates bourgeois, même ceux qui ont espéré embourgeoiser progressivement tous les salariés et tenté de réprimer l'enrichissement par agiotage. Avec l'injustice passionnée d'un homme qui apporte un système infaillible et ne peut le faire accepter qu'en discréditant les autres, il se réjouit de la faillite de la démocratie. Il la raille avec l'amertume d'avoir fait « un

souverain qui meurt de faim ». Les Droits de
l'homme, qui cependant alimentent son individualisme, ne sont pas davantage épargnés, et il
refuse d'apercevoir qu'il ne les dépasse qu'en
s'appuyant sur eux. Où donc, en effet, aurait-il
puisé ce profond et ardent sentiment de liberté
qui le porte, dans sa construction sociale, jusqu'à ignorer l'Etat et à s'en passer, sinon dans la
pensée des économistes et des philosophes, dont
la Déclaration des droits fut l'expression synthétique.

Sous ce rapport, Saint-Simon fut plus équitable : il était mieux informé, et surtout il ne con-
cevait le développement de l'individu que grâce
à une forte et savante organisation économique
et morale de la société. Le premier des fils de la
Révolution, il se tourna vers le passé, moins
pour lui demander des exemples que pour
constater ce qui en restait dans le présent et
l'utiliser. A la corporation abolie il substituait
l'association des producteurs sous la conduite
des chefs du travail, du négoce et de la banque;
et il appelait les savants, les littérateurs et les
artistes à remplacer l'Eglise pour la direction
morale de la société. Cette conception sociale
est oligarchique et démocratique à la fois : oligarchique surtout, puisque l'autorité publique
est remise aux chefs économiques et intellec-

tuels ; démocratique cependant, puisque, par
l'égalité du point de départ, suppression de
l'héritage et instruction intégrale, chacun peut
gravir les échelons de la hiérarchie.

V. — Le Fait économique annule
le Droit politique

Pourquoi Saint-Simon aperçut-il que ni la
Déclaration des droits, ni la démocratie politique
ne pouvaient se suffire à elles-mêmes et que le
rationalisme dont elles procédaient avait considéré comme trop négligeables les faits économiques? Parce que, d'abord, il ne fixa sa pensée
qu'après avoir vécu longuement et traversé la
période révolutionnaire. Il connut et même pra-
tiqua l'agiotage sur les biens nationaux ; il vit la
bourgeoisie urbaine s'enrichir des dépouilles de
la noblesse et du clergé tandis que, par l'essor
de la grande industrie, le prolétariat croissait en
nombre sans que sa misère décrût. Ensuite,
après Thermidor, Brumaire et la Restauration, il
semblait ne plus rien rester des Droits de
l'homme, et beaucoup tenaient la Révolution
pour avortée, les réactions subséquentes ayant
créé une nouvelle noblesse, rétabli l'ancienne

dans ses domaines et donné à la haute bourgeoisie sa part de gouvernement.

Enfin, et surtout, Saint-Simon, en qui s'harmonisent la pensée des économistes et celle des encyclopédistes, tenait à reprendre et achever l'œuvre manquée par le saut brusque de libéralisme économique et politique en démocratie brutalement oppressive et par les reculs successifs qui s'en étaient suivis. L'ancien régime avait péri parce que les rapports féodaux, privés de leur raison d'être primitive, s'étaient corrompus en exploitation parasitaire. La Révolution s'était proposé d'émanciper les producteurs et avait cru qu'un décret de liberté négative y suffirait. L'Empire et la Restauration avaient sanctionné par des lois de servitude réelle et d'infériorité juridique l'asservissement des prolétaires : l'écart apparut alors plus grand entre leur dénuement et la richesse des maîtres du sol et de l'industrie.

En dépit des réactions politiques, cependant, le monde nouveau reposait sur des rapports économiques, commerciaux, et non plus féodaux. L'économiste, en Saint-Simon, aurait pu se déclarer à la rigueur satisfait, si l'encyclopédiste n'eût protesté contre cette annulation des Droits de l'homme non seulement par les restaurations féodales partielles qui, de 1800 à

1830, adultérèrent le régime nouveau, mais encore par le développement économique de ce régime.

C'est en effet le moment historique où les ouvriers à la fois deviennent plus nombreux, sont plus écartés de la propriété de l'outil, par conséquent plus dépendants du patronat, et subissent une législation qui achève de faire d'eux une classe subordonnée; et, en échange, ils n'acquièrent pas même la certitude du lendemain. Saint-Simon n'est pas un juriste qui prend les mots pour des choses, ni un philosophe de cabinet qui traite les individus comme des entités: c'est un homme qui a observé les faits, et, mêlé à leur mouvement, il en a subi les plus rudes chocs. Il ne peut donc voir dans le libéralisme politique autre chose que l'élimination par la bourgeoisie de ce qui reste de féodalité, gênante pour elle, dans les institutions. Enfin son libéralisme économique n'a pu tenir devant les transformations de l'industrie, et ses crises, et ses chômages, et les souffrances nouvelles qu'elle déchaîne.

Mais que faire de ces masses encore serves, à qui l'on s'est bien gardé d'appliquer le programme d'instruction publique tracé par la Convention? Leur donner le pouvoir politique en cet état, c'est condamner la société à osciller de l'anarchie au despotisme jusqu'à ce qu'elle s'écroule (1). Leur donner le pouvoir économique serait encore plus périlleux, puisqu'on ne pourrait le faire qu'en leur donnant le pouvoir politique. L'ancien régime avait duré quatorze siècles parce qu'il possédait des cadres fixes. Le nouveau ne pourrait échapper aux convulsions et durer que si des cadres nouveaux, non plus fermés et héréditaires, contenaient les catégories sociales essentielles et donnaient satisfaction aux besoins et aux aspirations de tous les membres de la société. Saint-Simon crut pouvoir compter pour cela sur les industriels, les banquiers, les savants et les artistes, et faire d'eux '-s éducateurs, les frères aînés du prolétariat placé sous leur autorité et direction. On sait comment finit cette utopie, embrassée ce-

---

1. Cette crainte de Saint-Simon est vingt fois exprimée dans ses ouvrages. Entre autres preuves qu'elle n'était pas vaine, on peut constater que le niveau intellectuel et même moral des discussions de la société des Jacobins s'abaisse à mesure qu'elle se démocratise. (V. AULARD, *La Société des Jacobins*, 6 vol. gr. in-8° de la *Collection des Documents relatifs à l'Histoire de Paris pendant la Révolution française*. Paris, 1889-1897.) En 1789-1790, ce sont des philosophes qui parlent ; en l'an II, ce sont des cabochiens qui hurlent leur passion et leur fanatisme. Mais l'objet de ces fureurs n'en demeure pas moins le plus noble but que l'humanité se soit jamais proposé, et c'est vers lui que tendent les Saint-Simon et les Fourier, même et surtout lorsqu'ils réprouvent les moyens employés par la Terreur pour l'atteindre.

pendant avec un enthousiasme religieux par une jeunesse d'élite.

Pendant ce temps, tous ceux qui, dans le prolétariat, s'élevaient à la pensée et à l'action tournaient leurs espérances vers la démocratie. Ils suivaient les cours d'enseignement populaire organisés par Trélat et Raspail ou, plus impatients, s'enrôlaient dans les conspirations de Barbès et Blanqui. Puis Cabet projetait avec eux de réunir la pensée et l'action, et les entraînait vers sa communauté démocratique idéale. Avec Buchez ils essayaient de transformer leurs sociétés de secours mutuels, qui étaient de véritables syndicats, en associations de production ; et avec Louis Blanc ils préparaient la démocratie qui leur donnerait le droit au travail, l'association commanditée par l'Etat et finalement le communisme. Pacifiques ou révolutionnaires, communistes ou mutuellistes, ils faisaient tous de la démocratie le moyen de leur libération économique, le fondement de l'institution sociale.

Karl Marx ne parvint jusqu'à eux qu'après l'homérique ravage de Proudhon dans les Phalanstères et les Icaries, et même dans l'Etat démocratique et social. Son appel à l'union des prolétaires de tous les pays en force de classe était resté près de vingt ans sans réponse. Mais,

du fait même qu'elle s'était constituée, l'Internationale des travailleurs devait entendre ce
mot d'ordre auquel d'autre part ses membres
étaient préparés par toute la série des nova-
teurs sociaux qui, depuis un demi-siècle, se
combattaient et se contredisaient en tout, sauf
en ce point fondamental : considérer la souveraineté du travail comme un but, dont les institutions politiques, y compris la démocratie,
n'étaient que les moyens de l'atteindre.

CHAPITRE II

INSUFFISANCE DU SOCIALISME CLASSIQUE

I. — *Démocratie et Matérialisme historique*

D'où venait donc cette philosophie sociale nouvelle qui offrait à la classe ouvrière une méthode plutôt qu'une doctrine, qui ruinait l'idéalisme politique et social tout en présentant l'idéal communiste comme le terme inévitable du mouvement économique ? Et d'où ce matérialisme qui ne tenait compte que du fait et de la force, et réglait l'évolution de l'homme sur les transformations de l'outillage industriel ? De l'économie politique et des encyclopédistes d'extrême-gauche. Certes, la pensée hégélienne avait donné à Marx la dialectique, par laquelle toutes choses sont montrées en mouvement de dissolution par leur contradiction interne. Cela, c'est la machine qui meut le matérialisme économique et l'élève au plan historique. Mais la substance même que cette dialectique transfor-

mera est fournie par les logiciens sensualistes
du xviiie siècle. Marx a reçu d'Hegel le devenir,
mais l'être lui a été donné par Adam Smith et
Helvétius.

Les luttes de classes forment la trame de l'histoire. Qu'est-ce que cette formule de Marx, sinon
un développement dans la société et son histoire
du principe de la concurrence proclamé par les
économistes du xviiie siècle et réaffirmé avec une
poignante rigueur par Malthus au commence-
ment du xixe? Et à quel moment cette formule,
lancée dans le désert en 1847, s'impose-t-elle à
l'attention de tous? Au moment où Darwin nous
montre les espèces luttant entre elles dans la
nature et les individus dans l'espèce, c'est-à-dire
vingt ans après la publication du *Manifeste
communiste*. Marx a pour lui la science économique et la science biologique. Comment ne s'im-
poserait-il pas aux esprits, et comment son
socialisme ne serait-il pas scientifique?

D'autant que l'avant-garde ouvrière, il faut le
répéter, était éveillée au sentiment de classe,
donc disposée à ne voir la société que sous
l'angle économique et à considérer avant tout
les hommes comme producteurs et consommateurs. Par ses attaques contre la démocratie
politique, dont le gros de l'armée a été de tout
temps fourni par la classe ouvrière, Proudhon

amenait à Marx des hommes résolus à n'agir plus désormais que sur le terrain économique ; celui-ci eut même mille peines à les décider d'utiliser le terrain politique par les moyens démocratiques, et nombreux furent ceux qui s'égaillèrent dans les broussailles de l'anarchisme. Quant aux disciples immédiats de Proudhon, ils se replièrent sur la démocratie politique, et la teintèrent de libéralisme fédératif et d'économisme interventionniste : grâce à eux, elle conserva les gros contingents ouvriers effarés des risques révolutionnaires que le communisme marxiste les invitait à courir.

Toute vérité simplifiée et amplifiée jusqu'à la généralité se transforme en erreur. C'en est une que de ramener la société à n'être qu'un agrégat de producteurs et de consommateurs, et que de montrer tous ses mouvements, ses convulsions, ses progrès, ses régressions comme déterminés uniquement par la quête du pain et l'invention des outils. Certainement la guerre fut à l'origine une industrie, les dieux furent adorés pour les biens qu'ils dispensaient, et toujours la richesse fut inséparable du pouvoir politique. Dans les cités grecques, l'aristocratie était le parti des riches et la démocratie celui des pauvres. Rome fut bouleversée par les plébéiens qui voulaient des terres et mise en péril par les esclaves qui

ne voulaient plus donner leur travail. Nos communes bourgeoises luttèrent contre la féodalité
et, à Florence, les arts mineurs s'insurgèrent
contre les arts majeurs, tandis que les salariés de
France cherchaient dans le secret du compagnonnage un refuge contre la corporation des
maîtres. Enfin notre révolution aboutit à substituer la bourgeoisie à la noblesse, son décret
d'abolition des classes par l'égalité politique et
civile qui devait amener l'égalité sociale ayant été
abrogé par les riches, organisés en classe dominante.

Mais l'homme en société n'est pas seulement
un producteur et un consommateur. Le tirer du
système démocratique, qui l'enferme tout entier
dans la catégorie politique et ne voit en lui que
le citoyen, pour le réenfermer dans la catégorie
économique, c'est tomber d'une erreur dans une
autre. Le matérialisme historique invoque de
nombreux faits à l'appui de son interprétation
économique du passé : on en peut trouver de plus
nombreux et surtout de plus décisifs sur le mouvement des sociétés dans la conception intel-
lectualiste de l'histoire. Lorsque barons et
manants se ruaient en Terre-Sainte, nul mobile
économique ne les réunissait et nulle lutte de
classe ne les divisait. Certains barons gagnèrent
à l'enthousiaste aventure une couronne royale

et enrichirent leurs compagnons ; mais ce fait économique ne fut qu'une conséquence, et finalement toute la baronnie revint dans ses foyers décimée et appauvrie. Satisfaite cependant, car elle avait fait sa coulpe des péchés commis et obtenu rémission des péchés à commettre.

L'erreur du matérialisme historique n'en a pas moins eu l'utilité grande de s'opposer au bon moment à l'erreur démocratique et de la corriger, grâce à une erreur secondaire contenue dans l'initiale erreur philosophique ou plutôt sociologique. Constatant l'existence de deux classes sur le plan économique, donc social, il a placé les ouvriers dans celle des producteurs insuffisamment consommateurs et les bourgeois dans celle des consommateurs improductifs (1). La démocratie pure nie les classes, la liberté politique et l'égalité civile suffisant, selon elle, à pourvoir chaque individu des armes nécessaires

1. C'est ainsi que Marx dit, à propos de la coopération considérée comme un des moyens propres à augmenter la plus-value : « Le capitaliste paye à chacun des cent [ouvriers qu'il occupe] sa force de travail indépendante, mais il ne paye pas sa force combinée de la centaine. » (Le Capital, t. I, p. 144, col. 2.) Il laisse entendre que l'accroissement de la plus-value obtenu par la coopération est uniquement dû aux ouvriers. Ce serait absolument vrai s'ils avaient pratiqué d'eux-mêmes et spontanément ce mode de travail combiné ; ce ne l'est plus que dans une mesure bien relative lorsque la combinaison de leurs efforts est créée et dirigée par le capitaliste en tant que patron et chef de travail.

à la lutte pour la vie, lutte bienfaisante autant qu'inévitable. Quand, sous la pression socialiste, elle veut bien reconnaître leur existence et apercevoir dans l'inégalité sociale un démenti à sa doctrine et une menace pour elle-même, elle jette l'Etat dans la balance pour les égaliser. A l'imitation des démocraties antiques, elle trait et tond les riches pour nourrir et vêtir les pauvres.

—Ce n'est pas leur lait et leur laine qu'il nous faut, mais leur chair et leur peau ! crient les prolétaires éveillés par le marxisme au sentiment de classe. Non une part du revenu des capitalistes, mais le capital tout entier. Alors l'unité démocratique et sociale sera faite, il n'y aura plus de classes et tous les maux dont souffre l'humanité disparaîtront. Ce n'est pas nous qui voulons cela de nous-mêmes. Que peuvent les prétendues volontés humaines sur le mouvement des choses, inspirateur de toute pensée ! Par la science et par l'histoire, le capitalisme est condamné à mourir de son triomphe : sa loi de reproduction est la contradiction interne qui le conduit mécaniquement vers la catastrophe à mesure qu'il achève sa conquête. Nous ne sommes pas des créanciers, mais des héritiers.

II. — *Le Socialisme et la notion du Contrat*

On voit tout ce qui manque au socialisme ainsi exprimé. Entre autres choses, c'est la notion du contrat, qu'il n'aperçoit que pour la critiquer et la détruire. Les théories de Marx sur la valeur et la plus-value ont fait disparaître en effet le caractère contractuel des rapports entre salariants et salariés. Ces derniers cessent d'être des contractants pour devenir des choses au moyen desquelles on contracte : on achète leur travail et on le revend avec un bénéfice, ne leur ayant payé qu'une partie de ce travail ; ou plutôt leur travail, et par conséquent leur personne, est partie intégrante du matériel de production et le salaire une dépense faite pour l'entretien de ce matériel animé. Par sa théorie de la plus-value, Marx élucidait le mystère de l'accumulation capitaliste, mais de plus il déterminait une réaction nécessaire contre l'idéologie économiste, qui représentait faussement le salarié comme un contractant libre et égal. De même, développant la théorie de Ricardo et lui donnant une importance capitale, il faisait du travail la mesure sociale de la valeur : ainsi apparaissait le caractère spoliateur de la plus-value.

Dans la société telle que l'aperçoit Marx à la

lumière de la plus-value et de la valeur, tout le
monde contracte, excepté l'homme qui vit de
salaire. Au moyen de contrats d'échange multiples, tout le monde se répartit l'excédent de
valeur créé par celui-ci ; tout le monde, excepté
lui-même. Ces contrats ne sont pas autre chose
qu'un partage des fruits de la spoliation. Les prolétaires n'ont donc pas à demander d'entrer en
rapports commerciaux réels, en rapports d'égal
échange, valeur pour valeur, avec tous ces contractants. Ils n'ont qu'une chose à faire : expro-
prier leurs expropriateurs, rentrer collectivement
en possession du produit de leur travail passé,
le capital, et du produit de leur travail présent,
exprimé en salaire et en profit.

A donner au mouvement économique ce
caractère, qui est bien l'un des siens mais non
l'unique ni même le dominant, le socialisme
marxiste a perdu de vue la notion contractuelle
des rapports humains. Les économistes avaient
disqualifié le contrat par leur aveugle négation
de ce qu'il contenait d'arbitraire et de léonin dans
les rapports de patrons à ouvriers ; Proudhon
venait d'échouer dans les applications pratiques
de la restauration théorique qu'il en avait
faite (1) : si l'on voulait établir l'équité dans les

1. « Le capital limite l'industrie. » (*Economiste français* du
30 novembre 1907). Cet axiome appliqué par M. Paul Leroy-

rapports économiques, c'est-à-dire assurer à chacun le produit intégral de son travail, il n'y avait donc plus qu'à dépouiller ces rapports de tout caractère commercial, donc d'échange, donc de contrat.

La société désirable n'est plus, dès lors, pour le socialiste un marché, — tout marché étant une caverne, — mais une administration économique où la production et la répartition seront des fonctions publiques. On aperçoit comme ainsi le socialisme se simplifie sur le papier ; mais sur le papier seulement, car alors sa réalisation apparaît : ou bien comme impossible, vu la complexité croissante des rapports sociaux et même strictement économiques ; ou bien comme destinée à réduire, comprimer et réprimer mille modes nouveaux d'activité, mille manifestations présentes et à venir de la spontanéité sociale et individuelle auxquels nos inégaux contrats privés et notre contrat social incomplet laissent du moins quelque chance de se produire.

Beaulieu à une crise de « mégalomanie industrielle et financière » est encore bien plus applicable aux tentatives d'organisation du crédit gratuit où s'épuisèrent les efforts de Proudhon dans les circonstances les plus défavorables. Socialement, c'est-à-dire prise dans sa masse, la production ne se fait pas d'avances sur la production à venir : elle reçoit les épargnes de la production passée, c'est-à-dire vit de la production passée qui a échappé à la consommation.

Il serait absurde que la notion de contrat demeurât absente du concept socialiste au moment historique où l'effort des collectivités ouvrières, par l'action simultanée de la loi et du syndicat, élimine un à un des rapports de travail et de salaire les caractères de subordination sociale qu'ils contiennent encore et leur substitue à mesure ceux du contrat. Que Marx n'ait pas aperçu les caractères contractuels de ces rapports à l'époque où leur affirmation semblait une insulte au bon sens, cela se conçoit. Qu'il n'ait vu dans les contrats d'échange qu'un partage des dépouilles de la plèbe enchaînée au travail manuel, cela s'explique. Qu'on soutienne qu'aujourd'hui encore, en dépit de l'intervention publique et de la résistance ouvrière, le salarié est exproprié du produit net et que son salaire est toujours inscrit au chapitre des frais généraux de l'entreprise, je me garderai d'y contredire. Mais il est sur le marché, marchand et non marchandise, tout petit marchand encore : marchand tout de même. Il y joue des coudes et des poings, s'efforce de truster sa masse contre les gros marchands, s'apprête à les égaler par sa force collective et à leur enlever finalement la clientèle, c'est-à-dire à acheter comme consommateur tout ce qu'il vend comme pro-

ducteur. Pour parler clair : à se passer du capitaliste, ayant conquis le capital.

Car les rapports économiques sont des rapports d'échange. Ils n'ont jamais été autres. On
ne doit pas augurer de leur avenir sur leur passé
seulement et conclure de leur antiquité à leur
éternité, mais on peut légitimement se fonder
sur le développement historique du caractère
contractuel apparu dès leur origine et sur le
nombre et la valeur sans cesse croissants des
contractants à mesure qu'on se rapproche du
moment présent. D'où vient la notion de contrat
qui domine actuellement les rapports sociaux de
toute nature et fait de la loi l'expression même
du contrat social? Des rapports économiques
primitifs dès qu'ils se sont manifestés et déve-
loppés par l'échange ? (1)

Les premiers échangistes ont mobilisé les
choses, créé un instrument de communication
humaine, de sociabilité étendue, qui devait finalement briser les clans et les castes en mobilisant
les hommes eux-mêmes. Dans la cité primitive,

---

1. Vue très intéressante de M. Yves Guyot (*La Démocratie individualiste*, p. 589. Giard et Brière, éditeurs). Il faut regretter
que l'auteur ne l'ait pas développée, car elle est peut-être, à mon
sens, la seule qui justifie sans arbitraire et sans métaphysique sa
systématisation des rapports sociaux sur le plan des rapports
économiques tels que les affirme la doctrine libérale.

agglomération de familles, quelle notion de contrat pouvait se former entre individus qui n'avaient rien à échanger, puisque la production domestique suffisait à tous leurs besoins ? La famille était à l'origine l'unité civile, religieuse et morale, et à plus forte raison économique : ses membres n'échangeaient pas entre eux des services contre rétribution, mais travaillaient en commun sous la direction du père ou de l'ancien.

Dès que, par la vente de leur excédent de production, ces groupes primitifs forment un cercle d'échange par communication étendue, la notion de contrat s'impose. On l'applique d'abord aux rapports d'échange et par la force même des choses, par la spécialisation professionnelle croissante, on l'étend aux autres rapports sociaux. Et peu à peu, ainsi, la notion de prestation gratuite de services s'efface devant celle d'échange par contrat de réciprocité. Mais il se conçoit que le contrat social ne soit apparu comme notion générale et dominante qu'au moment où l'industrie et le commerce ont pris le pas sur le régime de la production domestique et des prestations féodales.

Les traditions et les religions unissaient les hommes en les agglomérant ; les contrats d'échange les ont unis en les individualisant sous la loi de la division du travail. Comment donc

admettre que le contrat ait eu tant de vertu dans
le passé, constater qu'il se développe encore dans
le présent, et cependant le rejeter pour l'avenir ?
Comment, après Saint-Simon et ses disciples qui
ont si bien vu et si clairement montré la mobi-
lisation nécessaire des choses, après Proudhon
qui a démontré que le contrat économique doit
reposer sur une égale répartition des produits
entre les producteurs sous la loi de l'égal
échange, après Marx lui-même découvrant la
plus-value pour inciter les producteurs à se
répartir désormais socialement l'excédent de leur
production sur leur consommation, comment
pourrions-nous méconnaître et rejeter un aussi
essentiel instrument de sociabilité au moment
où il devient le plus utile, alors que tous s'exercent à le manier et que ceux qui prétendent s'en
passer sont précisément les mêmes qui le manient avec le plus de succès !

III. — *La Lutte de classes, moteur social
insuffisant*

En éveillant la notion de classe dans la conscience des travailleurs, Karl Marx a rendu à leur
cause un inoubliable service. Il les a ainsi appelés à la vie, à l'organisation par association entre

semblables, hors de laquelle nul salarié ne peut
prendre toute sa valeur sans se tourner contre
sa propre classe. Mais il les a pourvus d'un outil
insuffisant si on prétend l'employer à tout, c'est-
à-dire non seulement aux nécessaires transformations des rapports économiques, mais encore
à celles non moins nécessaires des rapports
politiques et sociaux. Ceux-là, en effet, détermi-
nent bien ceux-ci, mais la réciproque est également vraie, et le matérialisme historique n'est
en dernière analyse qu'une ultime transformation de la philosophie utilitaire appliquée à la
sociologie. Il est donc, sous son aspect scientifique, une construction de rationalisme pur, non
pas fausse assurément, ni incomplète par elle-
même, mais insuffisante, tout comme est insuffisant le rationalisme lorsqu'il s'applique seul,
en méconnaissance soit des phénomènes con-
crets, soit des données psychologiques des
problèmes qu'il prétend résoudre.

Si les facteurs économiques et les classes économiques différentes et opposées ne suffisent
pas à expliquer le développement social du
passé, la grande importance prise dans le monde
moderne par les rapports d'échange, sans cesse
croissante en face de la disparition progressive
des rapports patriarcaux et féodaux, va-t-elle
transformer le matérialisme historique d'inter-

prétation du passé en interprétation du présent
et de l'avenir? Laissons l'avenir aux prophètes,
avec cette réserve qu'il est plus possible de le
faire naître du présent par un accord des volontés éclairées et fortes que de le pronostiquer sur
une évolution de l'outillage industriel qui déter-
minerait prétendument à elle seule une évolution des intelligences et des volontés, des sentiments et des idées.

Mais le présent nous appartient, dans la mesure où notre esprit peut le contenir. Il appartient tout au moins à nos regards, et ils n'ont
pas besoin d'une longue inspection du mécanisme social pour reconnaître que la lutte de
classes ne domine qu'une partie des mouvements
actuels. Cette partie est très importante, c'est
l'évidence, mais non déterminante à elle seule.
Si un jour la télégraphie sans fil, en rendant
impossible tout secret militaire, et l'aviation, en
rendant inutile toute tactique, décident les nations à désarmer, le mouvement économique et
les luttes de classes qui l'expriment n'auront joué
que comme facteurs auxiliaires dans la suppression des guerres. L'idée de patrie elle-même,
d'ailleurs, ne doit rien au matérialisme historique, et cependant d'elle découlent même des
conséquences économiques qui, sur le terrain
des intérêts généraux, solidarisent les classes

opposées sur le terrain d'intérêts plus immédiats.

D'autre part, il n'y a pas que deux classes économiques dans la société : la classe ouvrière et la classe capitaliste. Avoir une vue aussi schématique de l'état social ou même simplement économique, c'est le ramener au plan trop simple d'une lutte entre les ouvriers et les employeurs. Or, le nombre est immense de ceux qui ne sont ni ouvriers ni employeurs ; et, loin d'obéir aux prophéties marxistes en diminuant, il s'accroît. Y a-t-il du moins tendance à l'homogénéité, à l'unité, dans la classe capitaliste ? Oui, pour la défense des employeurs contre les revendications ouvrières, pour la pression exercée sur les pouvoirs publics en vue de maintenir ou développer certains privilèges fiscaux ou de protection douanière, enfin pour la formation des cartels et des trusts. Mais il n'y a encore que tendance, combattue sur toute la ligne par les intérêts opposés qui apprennent ainsi à connaître la valeur de l'action collective. Et ce combat contre les capitalistes n'est pas mené par la classe ouvrière seule. C'est à peine si elle commence à entrer en ligne aux côtés de l'État et des classes moyennes (1). Il est vrai que la classe capitaliste commence seulement elle-

1. Lorsque le parti ouvrier français fit au congrès de Marseille, en 1892, un programme agricole, il montra un tel respect

même d'exercer une action concertée dans deux
au moins des trois ordres indiqués plus haut : la
résistance à la pression ouvrière et la conquête
en même temps que l'organisation du marché (1).
Cependant, même si la tendance de la classe
capitaliste à l'homogénéité devait aboutir et que
nul indice contraire ne nous fût fourni par les
faits sociaux en activité aujourd'hui même, nous
ne pourrions en déduire scientifiquement que
cet important phénomène économique domine
et détermine tous les rapports sociaux actuels,
ni surtout que l'organisation de lutte de la classe
ouvrière suffira, par la solution de celui-ci, à
résoudre tous les autres problèmes sociaux qui
se posent en ce moment.

IV. — *Complexité croissante des Fonctions sociales*

Il faut insister sur la complexité croissante de
la société à mesure qu'elle s'éloigne de l'état pri-

---

de la petite propriété paysanne que Frédéric Engels ne put se
tenir de protester contre un tel abandon de la doctrine marxiste.
   1. Ayant indiqué ailleurs (V. *L'Individu, l'Association et l'État,*
pp. 135 et suiv.) les causes multiples qui traversent la tendance
à l'homogénéité des ouvriers comme classe économique, je n'y
reviens pas ici. En l'état actuel des choses, tout donne à penser
que cette homogénéité, ou mieux cet accord, se fera plutôt dans
leur victoire finale que dans la lutte actuelle,

mitif et que les fonctions de travail divisées et
coordonnées y gagnent le premier plan, autrefois occupé par les fonctions d'autorité. L'importance croissante des fonctions économiques
dans l'ensemble de l'activité sociale peut sembler en effet une justification du matérialisme
historique, qui serait du présent et de l'avenir
beaucoup plus que du passé. En réalité, nous
simplifions et économisons l'effort à mesure
que, pour satisfaire des besoins multipliés par
une vie sociale enrichie, nous sommes astreints
à produire davantage. Mais la production n'est
pour nous qu'un moyen : le but c'est la consommation, la jouissance, tout comme aux époques où il suffisait de cueillir des fruits aux
arbres ou d'envoyer sous le fouet les esclaves
cultiver la terre.

Nous fallant aujourd'hui plus que les fruits
cueillis par nous ou récoltés par l'esclave,
nous essayons d'échapper à l'effort physique
nécessité par nos besoins. Nous lui substituons
l'effort mental, beaucoup mieux approprié à
notre nature acquise, qui originellement répugna d'ailleurs toujours à l'effort physique et n'y
consentit jamais que sous le fouet de la nécessité ou du maître. Nous n'avons plus d'esclaves
et ne voulons plus l'être, ni faire des travaux
d'esclaves. Tels qu'ils sont ou combinés par la

science, les agents naturels nous fournissent, rien qu'en France, la force que déploieraient cent millions d'ouvriers robustes. Les hommes voués au travail manuel sont encore incomplètement libérés de l'effort musculaire, mais on voit déjà des esclaves mécaniques, des machines-outils, se reproduire automatiquement, au delà des lois de la physiologie, dans une merveilleuse variété de formes et d'adaptation à des fins voulues.

Cette transformation du travail fut à ses débuts une menace d'asservissement et de dépréciation pour les ouvriers. Mais à mesure qu'elle se parfait, elle se montre leur libératrice en intellectualisant leur labeur. Elle les décharge des tâches brutales et de l'odieuse fatigue physique, et elle étend ce bienfait jusqu'aux animaux eux-mêmes : déjà, en effet, le chien a cessé de tourner la roue du rémouleur, et demain ne verra plus le cheval peiner entre les brancards du tombereau.

Dès lors transformé ainsi en une des fonctions de notre activité intellectuelle, le travail productif doit cesser d'être notre préoccupation dominante. Notre esprit, alors, peut rechercher d'autres jouissances que celle de la besogne bien faite, et c'est le produit du travail lui-même qui nous les procure. Notre vie personnelle et sociale ainsi enrichie ne peut donc plus être dominée par la loi du travail pour la subsistance (1). Elle s'en affranchit au contraire et le travail redevient l'esclave qui fournit aux besoins de son maître, mais l'esclave est en chacun de nous et occupe la moindre partie de notre personnalité. Le producteur, dans l'homme, s'efface alors devant le consommateur, devant l'amateur d'art, devant le chercheur désintéressé, devant les mille et une manifestations d'une individualité en pleine jouissance de la vie et moins que jamais contrainte de soumettre l'ensemble de ses rapports avec ses semblables aux lois de la production et de la répartition. On pourrait donc dire sans paradoxe que, si le matérialisme historique contient une explication partielle du passé, cette explication vaudra moins à mesure que le présent développera ses conséquences et entrera lui-même dans le passé.

Il y a des classes, certes ; et sur le terrain

---

1. Entendons-nous bien : je ne crois pas que nous tendions vers un état social de paresse contemplative ou jouisseuse à l'image du paradis chrétien ou musulman. Plus l'homme se civilise et se socialise, plus il travaille. Intellectualiser le travail n'est donc pas le réduire au minimum, c'est au contraire l'intensifier et le porter au maximum de productivité. Mais c'est aussi donner à l'effort, libéré de tout excès musculaire et nerveux déprimant, un attrait plus grand et une valeur éthique et esthétique qu'il n'a aujourd'hui qu'exceptionnellement.

économique elles sont en lutte. Leur conflit s'étend sur le terrain politique et même sur le terrain religieux dans tous les pays où la religion est encore une discipline sociale au service des idées et des puissances traditionnelles d'autorité. Mais on peut observer que ce parallélisme des classes et leur homogénéité économique, politique, religieuse et sociale sont d'autant plus exacts et rigides que les individus dont elles se composent sont proches d'un état grégaire dont la dissociation fut entreprise par la critique en pensée et en action des deux siècles derniers et que nous devons achever. Et encore, dans cet état si éloigné de l'individualisme réel, observe-t-on plus souvent des phénomènes de subordination d'une classe à l'autre que des phénomènes d'opposition et de lutte, bien qu'en réalité leurs intérêts soient antagoniques. C'est ainsi, par exemple, qu'on voit les métayers bretons demeurer attachés à la foi religieuse et politique de leurs propriétaires, des descendants de leurs anciens seigneurs.

A l'inverse, dans les milieux où l'individualisme s'est le plus développé, les classes s'opposent sur le terrain économique et se mêlent en se divisant sur les terrains politique, religieux et moral (1). Ce qui prouve que chez nous cet

1. Il y a des ouvriers syndiqués et comme tels en lutte contre

individualisme est encore plus verbal que réel,
critique et négatif que positif, arme de lutte
qu'outil d'organisation, c'est le parallélisme relatif qu'on remarque dans nos grandes catégories
sociales d'ordre économique, politique, religieux
et moral. Si nous prenons la division économique pour base, nous constaterons que le propriétaire est généralement conservateur en politique, en religion et en morale. Il repoussera
l'intervention de l'État dans l'exercice de son
autorité économique, mais la réclamera pour
protéger son industrie contre la concurrence
étrangère et, s'il le peut, même intérieure. Il sera
pour la responsabilité du criminel et demandera
le maintien de la peine de mort. Il verra dans
l'armée un moyen d'autorité forte à l'intérieur
contre tout changement social. Il défendra la
famille romaine contre les assauts de l'individualisme et vitupérera le divorce.

A son opposé, le salarié voudra tout ce qu'il
ne veut pas, sapera tout ce qu'il veut conserver.
Mais entre ces deux extrêmes, dans les classes
moyennes, combien peu sont conservateurs ou
révolutionnaires en bloc, et combien davantage
sont hybrides : conservateurs en politique et

leurs patrons, mais qui, en leur qualité de républicains ou de
monarchistes, de catholiques ou de libres penseurs fraternisent
avec eux dans le comité, la confrérie ou la loge maçonnique.

révolutionnaires en morale, et ainsi de suite !
Et, parmi les extrêmes eux mêmes, combien
d'hybrides encore ! Combien de propriétaires
libres penseurs et de financiers radicaux teintés
de socialisme ! Combien d'ouvriers cléricaux,
césariens, misonéistes ! Parmi ceux d'entre eux-
mêmes qui sont révolutionnaires, ou tout au
moins éveillés à la notion de classe sur le terrain économique, combien encore ont conservé
des survivances du passé et sont asservis à des
coutumes et à des superstitions dont les autres
catégories se sont libérées (1) !

Croit-on que la lutte de classes va ramener à
l'unité et sous la loi de la catégorie économique
toute cette flore du passé et du présent, cet
enchevêtrement de sentiments, de préjugés, de
notions, de volontés, d'aspirations, de goûts,
de préférences? En exiger un effort aussi dis-
proportionné à sa nature, à ses moyens, c'est la
mettre hors d'état d'être utilisée dans le seul
domaine où elle vaille et où elle puisse produire
ses effets utiles.

1. V. NICEFORO *Les classes pauvres* (Giard et Brière, éditeurs.)
Bien que l'auteur n'ait pas aussi fortement établi leur infériorité
mentale et morale que leur infériorité physiologique, ses observations sur les caractères ethnographiques et les survivances men-
tales, plus accentuées chez les pauvres que chez les riches, n'en
méritent pas moins de retenir l'attention.

CHAPITRE III

LE SOCIALISME ET SES CONTRADICTIONS

I. — *La notion socialiste de la Conquête du Pouvoir*

La notion socialiste de la conquête des pouvoirs publics repose sur un postulat dont chaque progrès politique et social aggrave l'invalidité : Qui tient l'Etat tient tout, et par lui peut tout. C'est le levier d'Archimède, et même quelque chose de plus : car, avec lui, on ne soulève pas seulement le monde, on le transforme. Les disciples de Marx allèguent que le socialisme ne se propose pas de transformer le monde, mais d'adapter les hommes aux transformations opérées dans le monde par l'évolution ultime du capitalisme. Si réellement ils conformaient leur politique à cette affirmation d'apparence scientifique, et l'on sait qu'il n'en est rien, le socialisme serait forcé de régler sa marche vers la conquête de l'Etat sur celle de la concentration capitaliste. Il ne pourrait donc s'installer dans l'Etat et l'employer à ses fins de socialisation générale qu'au moment où il ne resterait plus un patron dans l'atelier, ni un propriétaire dans le champ, ni un marchand dans la boutique, tous ces producteurs et chefs de production individuels ayant fait place à un réseau complexe de compagnies anonymes détentrices de tout l'outillage industriel, de tout le sol, de tout le mécanisme de circulation, d'échange et de crédit.

Mais nous savons à présent, d'observation certaine, que l'esprit humain est en état de création incessante : son inlassable fertilité inventive favorise bien d'une part ou même rend nécessaire la concentration capitaliste pour appliquer à la production et à la circulation de coûteuses techniques supérieures d'un rendement intensif; mais d'autre part elle retarde d'une manière continue, par le surgissement d'industries nouvelles, la mainmise du capitalisme sur la totalité du domaine économique et social. Le capitalisme règne sur la plus grande partie de ce domaine, cela est incontestable ; mais il ne gouverne pas lui-même l'empire qui lui est soumis. Il se comporte à la manière de Rome maîtresse et régente du monde antique et laisse se gouverner eux-mêmes les myriades de patrons, de propriétaires et de commerçants qu'il domine et limite,

rationne et impose. Il s'épargne ainsi un grand
tracas et des dépenses inutiles, tout comme
l'industriel avisé échappe à l'inspection du
travail et réduit au minimum ses frais généraux
en dispersant les ouvrières de sa manufacture
dans leurs domiciles respectifs, où elles peuvent
peiner à son profit dix-huit heures par jour et
chômer à leur unique détriment lorsque vient
la crise de dépression (1).

Quand bien même d'ailleurs la concentration
capitaliste devrait s'achever un jour selon la
prédiction de Marx et la catastrophe s'ensuivre
par rébellion du mode d'échange contre le
mode de production, la notion socialiste de conquête du pouvoir n'en serait pas plus valable
pour le jour, ou plutôt le lendemain, de la catastrophe. Cet événement ne se produirait en effet
qu'au moment où la société aurait atteint un degré de complexité beaucoup plus élevé que
celui qu'elle atteint présentement. Or, l'État remplit avec infiniment de peine déjà les multiples
tâches économiques dont les transformations du
siècle dernier lui ont donné la charge. Il en
a, de plus, assumé que l'État ancien ignora :

---

1. Les rapports des inspecteurs du travail sont pleins de
doléances sur ce sujet, comme sur celui de l'éviction des appren-
tis, depuis l'application de la loi de 1900 qui s'arrête au seuil des
ateliers dits de famille.

notamment l'instruction et l'hygiène publiques.
S'il a dès maintenant les bras trop courts pour
y suffire, que sera-ce donc lorsqu'il lui faudra
embrasser toute l'activité économique de la
nation ?

Il laissera tomber la vieille charge d'autorité ?
Soit. Il sera un peu moins gendarme, juge et
soldat, et tout à fait industriel, agronome et
marchand. N'empêche qu'il devra singulièrement se compliquer et s'étendre, ces tâches-ci
étant infiniment plus difficiles et plus vastes que
celles-là. Dira-t-on que la concentration capitaliste préalable aura simplifié le mécanisme économique tout en le perfectionnant ? Oui, certes,
pour la direction supérieure, mais au prix d'une
division des tâches et d'une hiérarchie administrative et technique dirigeante poussées à l'extrême. Dans le petit atelier, l'ouvrier aux pièces va
à son gré ; il flâne ou s'active selon le moment, et
souvent à son caprice. Dans l'usine, il marche
à la cloche et au sifflet. Quand toute la production
nationale sera usinée, c'est l'Etat qui maniera la
cloche et le sifflet.

Mais qui sera l'Etat ? — Tout le monde, répon-
dent imperturbables les conquérants des pouvoirs
publics. — Tout le monde, ce n'est personne ;
et répondre ainsi, c'est se dérober. Mis en
demeure de préciser, donc, certains d'entre eux

ajoutent que l'Etat sera « sous la dictature du prolétariat organisé ». Fort bien ; voilà un semblant de réponse qui nous montre que, pour aller à l'égalité, nous devrons piétiner la liberté. Sacrifions donc la liberté, s'il le faut, quitte à lui rendre ensuite l'âme par un miracle. Pourquoi pas? N'avons-nous pas fait un pas sur le terrain du merveilleux quand nous avons accepté le postulat initial.

Voici encore un miracle que nous devrons faire, ou renoncer au bonheur social : Nous, c'est-à-dire le prolétariat organisé. Mais, le prolétariat organisé, qui est-ce et qu'est-ce? Les comités électoraux du parti qui se proposent la conquête des pouvoirs publics. Et comment initient-ils leurs membres à leur future dictature sociale et les préparent-ils à organiser et mettre en mouvement un gouvernement ou plutôt une administration économique qui devra faire manger et travailler quarante millions d'individus? Jusqu'à présent, par une sommaire propagande doctrinale plus critique que positive et par des campagnes électorales. Notre dictateur collectif nous fera travailler à la cloche et au sifflet. Dans son Icarie, Cabet nous envoyait coucher au couvre-feu et nous privait de tabac. Nous accepterons la cloche et le sifflet pourvu qu'on nous donne à manger quand on nous aura fait travailler.

Mais le dictateur collectif saura-t-il nous faire produire ce que nous devrons consommer?

Les conquérants de la dictature répondront-ils que, dans leur pensée, le prolétariat organisé n'est pas tout entier dans les comités politiques et que le syndicat et la coopérative le contiennent également ? C'est vrai pour le syndicat, plus vrai que ne le pensent et ne le souhaiteraient nos conquérants, qui ont aperçu sa valeur surtout depuis que le syndicalisme révolutionnaire s'oppose de toutes ses forces à leur dictature éventuelle. Mais comment utilisent-ils le syndicat ? Réduits à ruser avec une force qui les dépasse, ils sont à la merci de toutes les divagations d'anarchisme politique, social et moral qui tiraillent le mouvement ouvrier en ce moment, et les conquérants de l'Etat sont conquis ou neutralisés par ses destructeurs avoués. Ce n'est donc pas plus dans les syndicats pénétrés d'anarchisme que dans les comités du parti socialiste qu'on fait l'apprentissage du gouvernement économique et social de demain. A supposer que finalement ils s'accordent pour la conquête ou la suppression de l'Etat, il faudra donc que l'aptitude au gouvernement ou à l'organisation économique leur vienne par miracle. Qu'on ne fasse pas état ici de la coopérative : les docteurs de la conquête et ceux de la destruction, d'accord en ce point unique, ne lui ont jamais reconnu d'autre utilité que d'alimenter par ses bénéfices les caisses électorales ou syndicales.

Que de miracles ? La doctrine du socialisme marxiste, on le voit, se débat entre le postulat inadmissible de la concentration capitaliste achevée et celui d'une pentecôte nouvelle. Admettons à présent une hypothèse qui n'a rien de miraculeux : la victoire électorale ou la révolution donnant aux socialistes le pouvoir. Ils entrent dans l'Etat qu'ils ont démantelé pour l'escalader, et voici qu'il leur faut un Etat tout puissant. Soit; ils le feront et seront tels. Mais leur omnipuissance sera à la mesure de leur omniscience : ils ne seront appelés à la tête des organes de production, de circulation et de répartition que par leurs pairs, élus s'ils leur obéissent, rejetés s'ils prétendent commander. Six mois de ce gâchis démagogique, et le peuple affamé rappellerait la bourgeoisie au gouvernement de l'Etat et du capital.

II. — *La Conquête économique par le Syndicalisme*

Le syndicalisme est né du socialisme comme la réaction naît de l'action sentie nuisible ou jugée insuffisante. Mais s'étant fondé sur les principes marxistes et orienté vers les méthodes de violence, il ne peut que faire double emploi avec le parti socialiste. Celui-ci voudrait s'annexer celui-là, qui de son côté ne rêve que l'élimination de celui-ci. L'un des deux sera de trop et manquera son objet spécifique tant que la formule marxiste les hantera, tant que la lutte de classe sera considérée comme le principal, sinon l'unique moteur de la société en mal de mieux. Imbu de matérialisme historique autant et même plus que le socialisme orthodoxe, et convaincu que la catégorie économique détermine, se subordonne et contient toutes les autres dans le mouvement social, le syndicalisme entend transférer aux groupes professionnels toutes les fonctions utiles de l'Etat, rejeté comme inutile, y compris surtout celles que les conquérants des pouvoirs publics se proposent de lui confier.

Ici encore il faut faire appel au miracle, sauf si l'on veut ramener la société, ses fonctions, ses organes à leur plus simple expression, et si on la conçoit dans l'avenir comme un vaste établissement, ou une myriade d'établissements divisés en deux compartiments : l'atelier et le réfectoire. Il faudrait donc abandonner bien des choses auxquelles tout homme civilisé a la faiblesse de tenir; et il serait peut-être plus difficile de réduire la société au plan ouvrier pur et simple que d'élever au plan bourgeois la masse ouvrière tout entière. Il y a eu des invasions de barbares bienfaisantes autant que nécessaires : mais le temps en est passé. Une révolution sociale qui prendrait ce caractère condamnerait sans s'en douter les travailleurs à une production maxima pour une consommation minima.

Le socialisme syndicaliste répondra-t-il qu'il ne s'occupe que de restituer au salarié d'aujourd'hui la part de produit que le capitaliste lui enlève? Prétendra-t-il que, du fait qu'il ne s'occupe pas d'eux, les modes de l'activité sociale autres que le mode économique demeurent libres de s'organiser au gré des intéressés? Ici, il faut être plus marxiste que les théoriciens du syndicalisme et leur rappeler que l'art, la science, l'enseignement ne sont pas représentés et servis par de purs esprits. Si peu avides de lucre qu'on les suppose, encore faut-il que ces producteurs de beauté et de savoir aient de quoi manger. A côté de leurs sentiments esthétiques et moraux, à côté de leurs mobiles intellectuels, et les conditionnant parfois de cruelle façon, il y a donc leur intérêt économique, la question du vivre et du couvert. Vaille que vaille, ce problème trouve à peu près sa solution dans le cadre social bourgeois. On a peine à croire qu'il en irait de même dans une société où domineraient les syndicats ouvriers, purement voués à la production d'utilités matérielles désignées aujourd'hui sous le nom de marchandises. Leurs docteurs manifestent envers les producteurs intellectuels assez d'éloignement pour qu'on puisse craindre qu'ils soient affamés par un peuple qui ne donne valeur et droit à la rémunération qu'aux objets immédiatement et directement consommables.

Mais, dans l'ordre économique même, la réduction de la société au plan syndicaliste ne peut se concevoir que ramenée à la simplicité la plus primitive et la plus grossière. Karl Marx a bien fait l'analyse du capital ; son école a bien fait de la critique économique, un peu à bâtons rompus, et surtout de la critique sociale générale : d'analyse sociale proprement dite, ou simplement des organes économiques, point. Seuls les disciples de Saint-Simon, notamment Bazard, ont tenté cette analyse et situé dans l'ensemble économique et social la production, la circulation, l'échange, le crédit, etc. Mais faute de l'avoir pu faire complète, ils ont forcément échoué dans leur essai de synthèse.

Nul depuis eux, pas même Proudhon, n'a repris leur œuvre pour la rectifier et la complé-

ter ; et les socialistes se sont laissé distancer
par les économistes. On peut railler ceux-ci
sur leur optimisme social et s'indigner de leur
inconsciente cruauté ; il n'en demeure pas
moins qu'ils ont eu raison d'affirmer qu'il y a un
équilibre économique, d'apparence instable
comme tout ce qui obéit aux lois de la vie et à
son rythme d'actions et de réactions. Cet équilibre, dont les oscillations accumulent des ruines
et broient des existences, n'a rien d'harmo-
nieux, sinon pour ceux qui sont à l'abri de la
faillite et du chômage. Mais on n'y peut nier
sans aveuglement une tendance vers une plus
exacte rémunération de l'effort, une mise en
valeur sans cesse croissante des facultés de
chacun, enfin un pouvoir de consommation
accru pour ceux qui à l'origine n'étaient guère
considérés que comme des instruments de travail animés.

Les multiples et délicats mécanismes qui ont
été les impulseurs et les moyens de ce progrès
économique, inséparable d'ailleurs du progrès
social général autrement qu'en esprit et pour la
commodité de l'analyse, ont-ils épuisé leur raison d'être ? Comment le saurait-on, puisqu'on
n'a pas pris jusqu'ici la peine de les analyser ?
A quoi bon, en effet, un tel tracas pour qui est
persuadé que la catastrophe est au bout de leur

fonctionnement et que, plus ils seront parfaits et réciproquement déterminés et engrenés, plus proche sera le moment de leur disparition ! Il est plus commode, aussi bien, de montrer le poing à la haute banque et de répéter les invectives des Pères de l'Église contre le prêt à intérêt — mais ils avaient l'excuse de vivre dans un milieu de production domestique — que de se demander à quoi sert le crédit.

Les programmes électoraux socialistes parlent bien de la nationalisation du crédit et même des assurances ; mais on excuse *in petto* cette infraction à la règle de socialisation totale, cette socialisation de mécanismes destinés par définition à développer la propriété privée du capital, par la nécessité de coaliser le plus d'intérêts possible contre les capitalistes afin d'amener au plus tôt la crise révolutionnaire. Si elle vient avant la catastrophe économique, eh bien ! on se débrouillera.

Le syndicalisme, lui, au moins, veut ignorer tous ces mécanismes. S'ils demeuraient nécessaires au lendemain de la révolution ouvrière, eh bien ! on se débrouillerait. Nous revoici en face du miracle. Car ce sera un miracle que de conférer aptitude et capacité aux chefs de l'armée victorieuse. Cependant ceux-ci ne seraient pas des politiciens, comme leurs rivaux les « intel-

lectuels » du parti socialiste, mais d'authenti-
ques ouvriers, et ils ne devraient pas leur élection au suffrage universel, mais à leurs camarades professionnels. Le miracle, ici, est déjà
moins impossible, théoriquement. Il pourrait se
trouver en effet dans la révolution ouvrière des
syndiqués du négoce, des transports, de la banque, etc., pour se substituer aux dirigeants capitalistes, comme les sergents de la Révolution
française prirent la place de leurs colonels et
généraux enfuis à Coblentz.

Mais est-ce à ces labeurs que le syndicalisme
révolutionnaire prépare ses « militants » ? On
voit bien ce qu'il détruit, et l'on a les oreilles
rebattues de ce qu'il proclame vouloir détruire.
On préférerait apercevoir ce qu'il reconstruit
derrière les façades, vermoulues et branlantes,
soit ! qu'il prétend abattre. Par quel miracle les
« militants » exclusivement entraînés aux œu-
vres de la guerre se transformeront-ils soudain
en organisateurs de la paix ? A voir les combats
qu'ils livrent aux syndicats occupés à édifier,
soit dans l'ordre de la prévoyance, soit dans
celui des contrats collectifs, on peut se demander
si, après la victoire et emportés par la vitesse
acquise, ils ne se jetteront pas les uns sur les
autres afin de décider à coups de poing si la

maison sociale à rebâtir sera ronde comme une tour ou carrée comme un fort.

III. — *Absorption de l'Individu dans la Collectivité*

Le socialisme orthodoxe absorbe l'individu dans la collectivité générale, même lorsqu'il charge la dictature collective de supprimer l'État. En enfermant l'individu tout entier dans le cadre professionnel, le syndicalisme révolutionnaire fait cette prison aussi dure, et plus étroite. Que le lecteur ne se méprenne point ; il ne s'agit pas ici de protestation, à la manière des écrivains hostiles à l'émancipation ouvrière, contre ce qu'ils appellent la tyrannie syndicale. Dans neuf cas sur dix au moins, cette prétendue tyrannie sur les isolés réfractaires n'est qu'un nécessaire et légitime mouvement de défense des membres de la collectivité professionnelle, y compris les réfractaires au syndicat et à ses disciplines eux-mêmes. En effet, pourquoi le syndicat les combat-il ? Parce qu'ils pèchent, par action ou par omission, contre l'intérêt de tous les membres de la catégorie professionnelle. Car leur activité ou leur inertie est un acte de guerre contre leurs camarades et contre eux-mêmes, puisque la victoire du syndicat a pour but et pour résultat d'assurer à tous les membres de la profession, syndiqués ou non, de meilleures conditions de travail et d'existence. Le syndicat se défend donc, nécessité vitale qui suffirait à le justifier, et de surcroît les défend contre eux-mêmes, contre leur inintelligent défaut de solidarité.

La tyrannie syndicale n'est donc pas là, et l'on peut même dire qu'il n'y a pas de tyrannie syndicale. Mais il y a une tyrannie syndicaliste, et elle est dans le conformisme révolutionnaire et anarchiste qui contraint les ouvriers à accepter la doctrine tout entière et ses tactiques de combat social ou leur ferme l'entrée du syndicat. Ce conformisme a tenu longtemps la fédération syndicale la plus nombreuse de France, celle des mineurs, hors de la Confédération générale du travail. La tyrannie syndicaliste réside encore dans ce fait que le syndicat ne vaut pas dans l'ensemble confédéral par le nombre de ses membres, relativement à l'effectif de la corporation, ce qui serait le signe et la récompense de son aptitude à organiser : qu'ils soient 12 sur 100.000 ou 20.000 sur 50.000, les syndiqués disparaissent dans l'unité syndicale ou corporative, strictement égale aux autres unités, quel qu'en soit l'effectif. Ainsi, les minorités font la loi aux majorités, ce qui est la négation de la démocratie, comme le syndiqué se dissout dans le syndicat, ce qui est la négation de l'individualisme.

Y a-t-il là une survivance de notre tradition insurrectionnelle, et par conséquent autoritaire ? Oui, encore qu'il semble paradoxal de voir s'y attarder les théoriciens et praticiens de l'anarchisme. Mais le marxisme, dont ils se réclament autant que de Proudhon et Bakounine, y a sa part de responsabilité : d'abord parce qu'il ne considère l'individu que dans ses rapports généraux avec la production sociale, ensuite et surtout parce qu'il fait disparaître l'individu dans la classe.

Le marxisme tente bien de réunir le producteur et le produit, et c'est sa caractéristique majeure comme de toute doctrine ou méthode socialiste. Mais, par la nature même de la production, il s'agit, surtout dans la conception marxiste, d'une masse compacte d'individus ayant produit, non individuellement mais indivis, une masse non moins compacte d'objets de consommation. La tendance organique du capitalisme est précisément dans cette double opération : d'abord séparer le producteur du produit par le contrat de salaire ; ensuite, par l'usine et le chantier, le travail collectif et la division manufacturière, constituer d'un côté une masse indivise de pro-

ducteurs et de l'autre une masse indivise de
produits.

C'est bien la fonction du socialisme de réunir les ayants droit et leur produit par une
organisation collective des producteurs et une
socialisation adéquate des instruments de production. Karl Marx fit donc œuvre de socialiste
en éveillant la conscience de leur dépossession
et le sentiment de leur activité de classe chez
les hommes forcés à la surproduction d'où naît
le profit capitaliste et réduits par conséquent à
la sous-consommation de leurs propres produits.
Il n'en demeure pas moins que dans le cadre
ainsi tracé, et qui implique socialisation de la
production, l'individu disparaît à un tel point
qu'on se demande comment il pourra ressurgir
pour prendre sa légitime dans la masse des produits. L'esprit est alors conduit de force aux
solutions simples et ramené au communisme,
que Proudhon croyait avoir écrasé de ses sar-
casmes et périmé par sa théorie du contrat.

Dans la conception socialiste orthodoxe, la
société produit et répartit, soit selon l'effort,
soit selon le besoin. Dans la conception anarchiste, qui tend de plus en plus à s'exprimer et
à se matérialiser par le syndicalisme, les individus se groupent à leur gré pour la production, et chacun puise au tas pour sa consom-

mation. Mais le cadre syndical corrige les
arbitraires individuels et les met à l'alignement.
Il contient donc en puissance les mêmes disciplines de production et de répartition que la
personnalité collective : Etat, société, administration publique, que le socialisme orthodoxe rêve
d'utiliser, d'organiser ou de créer. Economique-
ment, l'individu aura donc devant l'organisation
collective, quelles qu'en soient la nature et la
forme, une personnalité moins libre que celle
du citoyen, contribuable et justiciable, de l'Etat
actuel. Socialement, moins complète en même
temps que moins libre aussi, puisque, selon le
matérialisme historique, le mode de production
domine et détermine tous les autres modes de
l'activité humaine. Nous voilà loin du saut de
la nécessité en liberté prédit par Engels.

Le caractère militaire de la conquête ou de
l'absorption des pouvoirs publics n'est, d'autre
part, guère propre à seconder le mouvement
d'individualisation qui est dans le sens même de
l'histoire sociale. La notion de la lutte de classes,
étendue à toute l'activité sociale et non limitée
à la catégorie économique située elle-même à
son plan réel dans l'ensemble, voilà l'obstacle
à l'individualisation, voilà ce qui donne au socialisme et à sa variante syndicaliste l'apparence
d'une opposition au mouvement général de

notre civilisation. Cette individualisation, le libéralisme politique et économique l'a mal servie, on sait pour quelles raisons. L'interventionnisme démocratique, auquel le socialisme orthodoxe s'attache un peu trop étroitement tandis que le syndicalisme s'en détache trop radicalement, tout au moins en théorie, ne sert guère mieux cette juste cause, puisqu'il demande à l'Etat ce que les individus catégoriquement organisés devraient et pourraient obtenir de leur effort propre.

Il a eu son utilité, point encore épuisée, pour susciter des énergies et des volontés dans les temps et les lieux où l'extrême misère et l'extrême ignorance, et l'extrême insouciance qu'elles causent, laissaient les masses ouvrières dans un état de soumission hébétée dont parfois elles sortaient par de brefs sursauts de révolte, vite et férocement réprimée. L'activité démocratique est stimulée et talonnée par le socialisme vers un interventionnisme aigu, contre lequel cependant Herbert Spencer a élevé beaucoup trop tôt sa protestation individualiste et surtout d'une manière trop absolue et trop absolument négative. Cette protestation, néanmoins, est à retenir, car il n'est pas bon que l'individu social reçoive du dehors l'armature par laquelle il se tient debout. Lorsque leur tige

a pris force et droiture, on enlève aux plantes
les tuteurs qui ont protégé et dirigé leur croissance. Quand le syndicalisme aura dépouillé
son « action directe » des violences qui tiennent
à sa faiblesse, à son insécurité parmi les masses que précisément ces violences écartent de
lui, il sera un des agents sociaux d'individualisation les plus actifs et les plus efficaces.

IV. — *Origines individualistes et contractuelles du Socialisme.*

Le socialisme ne pourra revenir à l'individu
qu'en revenant au contrat, car c'est de l'individu que partaient Fourier et Proudhon, et
c'est à lui qu'ils aboutissaient. Saint-Simon lui-
même ne s'écarta pas du grand courant individualiste, contre lequel réagirent seuls les communistes issus de Babeuf et de Buonarotti. C'est à
ces derniers que se rattacha Karl Marx en ramenant sur le plan économique par des moyens
politiques leur conception purement politique et démocratique, insurrectionnelle avec
Blanqui, évolutionniste avec Louis Blanc et
Pecqueur. L'addition de Marx aux concepts
de Fourier et de Proudhon, ou plutôt l'absorption de leur déterminisme économique dans
son matérialisme historique ne fut donc pas une

rectification de ce qu'ils avaient par ailleurs
d'erroné et d'absolu, mais un effacement total
de ce qu'ils avaient imparfaitement tracé et
une déviation de la route jusque là suivie par
le socialisme français. Soyons équitable : de
fait, il effaça la bifurcation des chemins individualiste et démocrate à laquelle nos aînés
se divisaient et se dispersaient, et il orienta les
ouvriers vers une nouvelle voie: la leur, démocrate et socialiste, mais non individualiste. On
sait que les anarchistes refusèrent de l'y suivre,
et pendant longtemps ils représentèrent seuls
dans le socialisme la pensée individualiste que
Fourier et Proudhon tenaient de la Révolution
française et de la philosophie du XVIIIe siècle.

Fourier eut le premier l'idée de la mise en
valeur de l'individu; il l'eut même si vivement
qu'il tenait l'égalité pour un « poison ». Examinons
son phalanstère, non comme un établissement
social modèle à répéter avec des variantes techniques à autant d'exemplaires qu'il existe de fois
dix-huit cents individus des deux sexes et de
tout âge sur le globe, mais comme une indication théorique abstraite. Nous verrons alors
que, par un trait de prescience géniale, il a tracé
le schéma d'une sociocratie que les efforts et les
sentiments encore inconscients de tous travaillent à greffer sur l'institution démocratique de

notre temps. Étendez en effet le phalanstère aux dimensions du plan social, et vous avez une association générale consciente, contenant dans ses catégories diverses la production, la consommation et toutes les jouissances physiques, ntellectuelles, esthétiques, morales et affectives de la vie individuelle et sociale. Cette association est un composé d'associations, — Fourier les appelait des « séries », — inscrites les unes dans les autres, — « engrenées » disait-il, — en action et réaction incessante les unes sur les autres : le phalanstère exprimait ainsi au décuple et au centuple tous les modes de l'activité humaine et satisfaisait tous les besoins et désirs de chacun, même les plus extravagants.

Laissons de côté l'optimisme de Fourier, inspiré par sa théorie de l'attraction passionnée, qui le faisait s'intituler sans modestie le Newton social. Ce n'est pas que cette théorie, fondamentale pour Fourier, soit absolument indéfendable; mais elle n'est pas aussi nécessaire qu'il le crut pour fonder une construction sociale dans laquelle l'individu doit trouver autant d'associations pour multiplier ses forces et ses jouissances qu'il a de besoins à satisfaire, de sentiments à exprimer, de rêves à réaliser. Ce que Fourier enfermait au nom de l'attraction passionnée entre les murs étroits de son phalanstère, se profile déjà, sous la double pression de la nécessité et de la raison, dans la société présente.

En sporades, mais sur tous les points du globe, nous voyons surgir, et croître, et se fédérer, et se coordonner des associations de toute nature dont les unes sont déjà de fait des institutions publiques et dont les autres forment progressivement des personnes collectives avec lesquelles la puissance publique doit de plus en plus compter et auxquelles les réfractaires individuels ne peuvent résister qu'en sortant de leur isolement. Fourier avait tracé le cadre social et l'avait arbitrairement empli de toutes les associations, les séries de son phalanstère, par lesquelles il imaginait que l'homme peut développer son individualité. Les individus sociaux de notre temps procèdent à l'inverse, sans théorie préconçue ni cadre général tracé d'avance : chacun d'eux s'affilie à autant de groupes qu'il existe de catégories dans son activité de relation. Et c'est l'ensemble de ces groupes qui modèlera finalement le cadre social.

Il s'en est fallu de peu que Proudhon élargît au plan social l'ébauche fouriériste de sociocratie. Il s'en détourna dès les premiers pas faute d'avoir aperçu le surgissement organique des associations nécessaires. Elles étaient cependant déjà perceptibles de son temps, mais point

Fournière .5

encore dégagées de leurs formes occultes, autoritaires et hiérarchiques, hostiles à l'ensemble
social. Ce qu'il en vit excita sa réprobation et,
persuadé qu'on s'associe contre tout le monde,
selon ses expressions mêmes, il n'accepta l'association que dans la catégorie économique et
pour les fonctions productives et d'échange qui
ne pouvaient s'accomplir sans son secours.
D'autre part, son austérité se choqua et se
rebuta du postulat de l'attraction passionnée.
Enfin, juriste et économiste, il répugnait à concevoir une construction sociale sortie tout entière
du cerveau d'un individu.

Proudhon ignorait, et tant qui se croient savants l'ignorent encore, que nulle théorie sociale,
nulle construction et même nulle méthode ne
peut être suivie et appliquée telle quelle et qu'il
est de nécessité absolue, si l'on veut en tirer
parti, de la confronter avec le fait social présent,
de l'user sur lui comme sur une meule pour en
dégager le diamant pur qu'elle contient. Il oubliait, lui le grand dialecticien, que les dialecti-
ques et les formules qu'on en extrait sont bien
plutôt à l'usage du théoricien pour orienter sa
propre pensée dans les terres inconnues qu'à
celui des praticiens. Ceux-ci, lorsqu'ils sont d'esprit court, lourd et servile, se font les sectaires
de la doctrine qu'ils reçoivent; et, en raison de

cet esprit peu favorable à l'examen critique, ils la glorifient et la propagent en bloc, avec une préférence pour les scories qui dépasse leur indifférence à l'égard du diamant, que parfois d'ailleurs ils n'ont pas remarqué.

Que le lecteur en soit averti une fois pour toutes : il ne trouvera pas ici une nouvelle théorie, dont le destin serait de s'opposer aux autres, mortes ou vivantes. On ne prétend pas non plus exhumer celles-là ou détruire celles-ci. Je vois l'énorme meule sociale user ces blocs d'hier et d'aujourd'hui : à mesure que le diamant apparaît, j'appelle l'attention sur lui. Rien de plus, mais aussi rien de moins. Proudhon a précisé la notion du contrat politique, économique, social. Marx a groupé la catégorie ouvrière et lui a donné le sentiment de classe. Voilà les diamants. Le reste n'est plus que poussière.

V. — *Le Socialisme juridique et le retour au Contrat*

Plus forte que les théories figées en dogme, la nécessité des réalités s'impose de plus en plus aux esprits de ce temps et nous voyons des écrivains s'appliquer à tracer le cadre juridique de transition qui doit faciliter le passage de capitalisme en socialisme (1). Les études d'histoire des doctrines et des systèmes socialistes, très poussées en ces dernières années, n'ont pas été étrangères non plus à ce mouvement, surtout lorsque Proudhon est réapparu presque intact sous l'énorme stratification marxienne qui l'avait recouvert plus qu'écrasé pendant un demi-siècle.

Proudhon remis au jour, c'était la résurrection du contrat, puisque c'est par le contrat qu'il a ruiné les arbitraires constructions sociales antérieures, purement rationalistes ou sentimentales, et, par ce déblaiement du terrain, facilité l'avènement du marxisme.

Les théoriciens du socialisme juridique ont été raillés pour l'interprétation nouvelle qu'ils apportaient de certains textes du Code civil, qui est tout entier le code de l'individualisme propriétaire. On les a même accusés de torturer hypocritement ces textes, soit pour restituer au travailleur son produit intégral, soit pour seconder artificiellement un plan de socialisation générale ou progressive de la propriété (2). Aucun

1. Le chemin leur a été montré par Anton Menger qui, dans l'*État socialiste*, n'a pas craint de formuler le statut juridique d'une société encore inexistante.

2. L'observation était peu courtoise pour le Premier président de la Cour de cassation, M. Ballot-Beaupré, qui, aux fêtes du centenaire du Code civil, rappelait qu'il faut l'appliquer, autant

d'eux, cependant, n'est allé aussi loin qu'A. Menger, qui livre en bloc tous les justiciables aux seuls tribunaux administratifs. Bien au contraire, plusieurs d'entre eux se sont attachés à préciser et accroître les responsabilités de l'État et de ses agents, en même temps que les garanties des particuliers en conflit avec l'administration publique (1).

Le socialisme juridique a deux sortes d'adversaires : une tentative d'ordre nettement évolutionniste et réaliste ne peut être regardée d'un œil favorable ni par les conservateurs de l'ordre général présent, ni par ceux d'entre les socialistes qui estiment que le fait marxiste de la force n'est pas encore au point et qu'il faut attendre son achèvement triomphal pour l'exprimer par de nouvelles formes juridiques, révolutionnairement opposées à celles qui régissent les rapports sociaux et privés actuels. Il est vrai que, parmi les marxistes, il en est qui veulent que chaque fait de force du présent confère des droits acquis aux vainqueurs, dont c'est l'affaire de créer un nouveau statut juridique hors du cadre officiel pour le faire éclater, ou plutôt le

que le permet la limite de son texte, dans l'esprit de 1904, et non de 1804.

1. V. notamment, de Jean Neybour, *Revue socialiste* de juin 1906, l'article sur « la souveraineté de l'État ».

vider de tout contenu réel. Cette théorie, con-
tradictoire aux méthodes de violence dont se
réclament ceux qui la formulent, est adéquate
à celle qui transfère aux syndicats de producteurs
toutes les fonctions de l'Etat, et les critiques que
celle-ci appelle valent pour celle-là.

L'entreprise du socialisme juridique a porté
sur un fait d'une extrême importance, actuelle
et future. De la validité des contrats collectifs
soutenue par toute l'école des économistes juridiques, les juristes socialistes travaillent actuellement à extraire une théorie du droit collectif
et par conséquent à déposséder l'Etat non de
ce droit, mais du monopole qu'il en a. Il n'y a
là aucune atteinte au droit individuel, car il ne
s'agit point de constituer le monopole de la personnalité et du droit collectifs contre la personnalité et le droit individuels, mais d'exprimer
ceux-ci, lorsqu'ils ne se suffisent réellement
pas, par ceux-là : donc de réaliser en fait et en
droit l'individu actuellement pourvu d'une personnalité juridique à la mesure de sa force propre, c'est-à-dire de son habileté ou de sa richesse.

Il n'y aurait monopole et privilège pour l'association pourvue du droit collectif que si certaines associations ou catégories d'associations
étaient privées du droit collectif adapté aux con-

ditions mêmes de leur fonctionnement ; ou encore si certains individus étaient repoussés de
l'association de catégorie dont, par nécessité
professionnelle ou de domicile, ils sont les ressortissants naturels. Le droit collectif n'éteint
pas le droit individuel, car, comme celui-ci, il
ne peut exister qu'en obligeant son bénéficiaire.
Pas de droits sans devoirs ; et il va de soi qu'un
syndicat professionnel ne peut se fermer aux
ayants droit qui en demandent l'entrée, ni leur
imposer des croyances ou des pratiques confessionnelles, politiques, etc., étrangères à l'objet
même qui le constitue et crée son droit.

Pas plus pour l'associé que pour l'isolé, le
droit individuel ne disparaît dans le droit collectif. Qu'il s'agisse en effet d'une association
nécessaire, comme le syndicat professionnel, ou
d'une association d'option, comme le groupe
confessionnel, l'individu y trouve la sauvegarde
de son droit dans les statuts, dont aucun article ne peut le lier pour un autre objet que celui
de l'association sans être illégal et inopérant.
Se croit-il lésé par l'interprétation des statuts ?
L'individu fait juger le cas par ses pairs ; estime-
t-il qu'ils sont sortis de la lettre ou de l'esprit
statutaire en l'excluant ou en limitant son droit?
Il demande alors aux lois civiles sa réintégra-
tion ou son habilitation complète.

Quant à l'isolé qui ne veut, ne sait ou ne peut s'associer, il est réduit à son droit individuel, et c'est peu de chose ; car l'association dont il est le ressortissant naturel, mais réfractaire, peut contracter et stipuler contre lui, non pour lui nuire et par animosité personnelle, mais pour se défendre des effets de son activité contre elle ou de son inertie vis-à-vis d'elle. Cette personnalité collective peut même contracter au nom de ses ressortissants isolés, et ainsi les obliger. Leur droit individuel disparaît alors, cela est incontestable. Mais, pour le faire reparaître, ils n'ont qu'à s'agréger et, au lieu du droit trop souvent théorique de l'individu isolé, ils seront en possession d'un droit complet et garanti, réalisé enfin.

Cette addition du droit collectif au droit individuel n'est pas une rêverie de théoriciens opérant dans l'abstrait et le futur. Elle est la consécration juridique nécessaire et en partie déjà acquise du fait d'association, qui gagne de plus en plus de terrain. Puisque le gouvernement ou l'administration de la société tend à se partager entre l'État et l'association, le droit collectif doit reconnaître à celle-ci ce que celui-là est seul jusqu'à présent à posséder et à exercer dans sa plénitude.

VI. — *La Crise intérieure du Socialisme*

Il semble bien qu'il n'existe aucun moyen de concilier la notion de la lutte de classes, sur laquelle se fondent les partis socialistes, et celle de la démocratie. Celle-ci est sinon périmée, du moins dépassée ; mais est-ce bien par le socialisme marxiste ? Non, puisque, tout en la niant, il l'utilise telle quelle et en inscrivant dans ses programmes politiques les articles par lesquels les théoriciens de la démocratie espèrent l'achever : tels la représentation nationale par une chambre unique, le referendum, la suppression de la présidence, l'élection des juges, etc. En Allemagne, pays de Karl Marx, le parti socialiste fondé par ses amis — par compromis, il est vrai, avec ceux de Lassalle — s'intitule social-démocrate ; et, en l'absence quasi-totale d'organisation du radicalisme politique de ce pays, c'est bien réellement le parti socialiste qui y fait fonction de parti démocrate.

Chez nous, où les marxistes orthodoxes imposent au moins leurs formules au parti socialiste, les choses n'en vont guère autrement. Il se déclare bien fondé sur la lutte de classes et en opposition avec tous les partis bourgeois indistinctement. Mais, obéissant aux recommanda-

tions de Marx et Engels dans leur *Manifeste
communiste*, il travaille à développer la démocratie et ses institutions politiques ; et lorsqu'elle est mise en péril par un retour de réaction, il sait, ouvertement ou non, mais guidé par
le sûr instinct de conservation, se replier sur le
gros de l'armée républicaine.

Cela tient, dira-t-on, à ce que le parti socialiste, en France, n'est pas purement marxiste.
Mais les causes qui l'empêchent de l'être sont
les mêmes qu'en Allemagne, où le démocra-
tisme lassallien aurait été abandonné depuis
longtemps si le marxisme comportait la possibi-
lité de créer une doctrine et un programme
politiques qui lui fussent propres et qui ne dussent rien à la notion historique des Droits de
l'homme et à la tradition de la démocratie.
Seuls, donc, sont des marxistes conséquents,
plus conséquents que Marx et Engels eux-
mêmes, les doctrinaires du syndicalisme, qui
repoussent la démocratie et ses formules, déser-
tent ses comices électoraux et détruisent l'État
autant que la nationalité, tenant pour opportu-
nisme inopportun et intolérable contradiction
doctrinale la tactique démocratique recomman-
dée dans le *Manifeste communiste*.

Aussi, quoi qu'il en ait, du moment qu'il se
refuse à ramener le concept marxiste aux lignes

schématiques du matérialisme historique et de la lutte de classes, comme l'ont fait les syndicalistes, le parti socialiste est forcé d'être un parti démocratique : tout le parti démocratique en Allemagne, l'avant-garde du parti radical en France et du parti républicain en Italie, etc. Il entraîne les partis démocratiques dans leur propre voie ; et s'il les combat, c'est le plus ordinairement pour leur rappeler leurs principes et les ramener à leurs méthodes, lorsque la crainte du socialisme les jette en panique dans les bras des conservateurs. Si un cataclysme faisait disparaître les radicaux et leur programme, spontanément le parti socialiste occuperait la place vide et remplirait la fonction abandonnée.

Mais la contradiction qui existe entre la substance même du marxisme et la démocratie ne disparaît pas du fait que le parti socialiste est un parti démocrate, au contraire. C'est même cette contradiction qui divise et parfois déchire les partis socialistes de France, d'Allemagne, d'Italie, etc. Les réformistes sont plus démocrates que marxistes et les révolutionnaires inversement, ces derniers tout en ne concevant pas un autre cadre politique que le démocratique (1).

1. Il faut prendre ici les termes de réformistes, ou révisionnistes, et de révolutionnaires dans le sens théorique, doctrinal ; il

Et lorsqu'ils combattent les radicaux, c'est pour arracher l'Etat de leurs mains afin de réaliser ce programme politique commun en même temps que faire de l'Etat l'instrument de la révolution sociale.

Les socialistes syndicalistes et réformistes échappent au reproche de contradiction qu'on peut adresser aux marxistes de la tradition et de la stricte observance. Les premiers sont en effet des marxistes réformés, qui croient avoir trouvé dans la substitution des syndicats à l'Etat la seule politique que puissent suivre les tenants du matérialisme historique et de la lutte de classes. Quant aux seconds, démocrates avant tout, ils considèrent le socialisme comme un achèvement de la démocratie dans le domaine économique. Ils n'ont pas besoin pour cela de recourir à Marx et à sa doctrine, puisqu'il est de tradition française, depuis Fourier, Saint-Simon, Pierre Leroux, Louis Blanc et Proudhon, de considérer l'émancipation économique des

arrive en effet que les révisionnistes allemands proposent des mesures d'agitation auxquelles se refusent les orthodoxes ; ils sont alors pratiquement plus révolutionnaires que ceux-ci. La doctrine démocratique, plus ou moins pénétrée de marxisme, doit en effet inspirer des actes révolutionnaires en Allemagne, où l'institution démocratique est aussi précaire que réduite au minimum, et réformistes en France, où les progrès de cette institution ne rencontrent plus d'obstacles sérieux.

producteurs comme l'unique moyen de leur
assurer la réalité des Droits de l'homme et du
citoyen, dont la démocratie purement politique
ne peut leur donner que la dérisoire image, gon-
flée de mots et vide de substance (1).

Imbus par une tradition presque séculaire
d'un tel déterminisme économique, que d'ailleurs ils savent amender, avec la permission
même de Marx, de manière à ne pas refuser aux
travailleurs les bénéfices de l'interventionnisme
démocratique, les socialistes réformistes acceptent sans répugnance les formules marxistes
tant que, restant théoriques et oratoires, elles
ne les gênent ni pour presser la démocratie
d'accentuer son interventionnisme, ni pour se
porter à son secours lorsqu'une vague de réaction recouverte d'écume démagogique menace
de la submerger. Hommes d'action avant tout,
d'action pratique et de réalisation au jour le
jour, ils s'embarrassent peu l'esprit de doctrines. Tout à leur but, qui est la démocratie
sociale par juxtaposition de la démocratie éco-

1. Lorsqu'ils font fi de la forme républicaine et des institutions démocratiques même interventionnistes, les marxistes purs
et les néo-marxistes du syndicalisme ne vont pas plus loin
que Louis Blanc et Proudhon affirmant que l'égalité politique
sans égalité sociale est une aggravation de servitude pour les
non-possédants et qu'en cet état les réformes, même faites en leur
faveur, se tournent contre eux.

nomique à la démocratie politique au moyen
précisément de celle-ci, ils prennent empirique- 1
ment de toutes mains : aux démocrates leur
cadre politique et leur interventionnisme économique, et à Karl Marx les théories de la plus-
value, si commode pour démontrer aux travailleurs que le capital est du travail non payé, et
de la lutte de classes, non moins commode pour
les réunir dans une action d'ensemble.

N'empêche que les socialistes réformistes n'é-
chappent pas au reproche de contradiction, même
lorsqu'ils entraînent les orthodoxes hors des voies
du marxisme ou qu'ils refusent d'être neutres et
indifférents dans les conflits de l'esprit conservateur et de l'esprit démocratique. Ils couvrent,
en effet, leur action pratique du pavillon
marxiste. D'autre part, ils ne travaillent pas aux
transformations nécessaires de la démocratie et
de ses cadres politiques : ils demeurent attachés à la tradition démocratique telle qu'ils l'ont
reçue des républicains purs et simples, sans
paraître se douter que l'objet qu'ils poursuivent
exige un instrument moins primitif et plus
adapté. Ils réagissent bien contre les entraîne-
ments dangereux et les inerties, peut-être aussi
dangereuses, des marxistes orthodoxes — et
c'est de ces mouvements contraires que sont
faites les crises intérieures qui travaillent les

partis socialistes européens — mais leur utilité ne va pas au delà. Elle est grande, certes ;
cependant des tâches autres attendent leur
effort. C'est en les accomplissant, en aidant à
l'évolution nécessaire de la démocratie, qu'ils
libéreront le socialisme des contradictions dans
lesquelles il est enfermé.

VII. — *La Métaphysique syndicaliste*

Pour bien affirmer son ambition de contenir
tout le socialisme, et par lui d'être l'unique
cadre social de l'avenir, le syndicalisme se déclare révolutionnaire, et il a trouvé des écrivains,
des penseurs, pour l'expliquer, le justifier et le
fixer par une formule. Dans cet objet ils ont,
qu'on l'entende comme on voudra, dépouillé
Marx. Plus avisés, leur semblait-il, que les plus
serviles d'entre les esprits soumis à la discipline du maître allemand qui s'entêtent à attendre la totale concentration capitaliste et la
catastrophe consécutive, ils substituèrent à ce
quiétisme une adhésion sans réserve à tous les
mouvements ouvriers, pour peu que, même
réflexes et convulsifs, et surtout tels, ils pussent
être tenus pour hostiles aux institutions économiques et politiques de la société bourgeoise.

Sous cette apparence scientifique de conformité aux faits, interprétés avec une sympathie toute aussi subjective que l'antipathie qui leur est témoignée par l'esprit de conservation sociale, les doctrinaires de la « nouvelle école » professent en réalité un fatalisme social de même nature et de même valeur que celui des orthodoxes qui n'ont pas encore dégagé l'esprit de la lettre. Leur adhésion béate à tout ce que font les ouvriers qui s'agitent en groupe procède du même principe de *volonté* sociale : le culte que la vieille école voue aux machines, transformatrices automatiques de la société, la nouvelle le reporte sur l'instinct. Nous voilà loin de l'intellectualisme et du rationalisme ; aussi, avec trois alinéas massifs d'Auguste Comte, il devient facile de construire un pont idéologique qui permette de rejoindre le traditionnalisme, le provincialisme et le traditionnalisme chers aux rénovateurs de l'idée conservatrice.

La nouvelle école se donne un but diamétralement opposé, cela va sans dire. Mais lorsqu'on va quelque part, encore faut-il en prendre le chemin. L'instinct ramène les chevaux à l'écurie, et cela est bon pour les chevaux. Mais il conduit les moutons à l'abattoir lorsque le bélier de tête s'y engage, et cela n'est bon que pour les gens qui mangent les moutons. L'instinct de révolte ouvrière est aussi salutaire que légitime, voilà une proposition de principe à laquelle un socialiste ne peut que souscrire. Mais il faut bien se demander tout de même si la révolte est instinctive ou non. Ce qu'on appelle instinct de révolte est en réalité un sentiment acquis, tout récemment acquis, et qui doit combattre d'héréditaires instincts de soumission, de respect et de discipline. Ces instincts ne peuvent être dominés que par le raisonnement ou par un autre instinct, plus fort que tous les raisonnements et tous les instincts : l'instinct de conservation, qui suscite la révolte à certains moments où l'individu est ou se croit en péril. C'est donc une grosse erreur de prendre pour un instinct permanent le sentiment essentiellement passager de révolte.

Les doctrinaires de la nouvelle école sentent bien que le sentiment de révolte ne se suffit pas, faute d'avoir les racines profondes d'un véritable instinct. Aussi, peut-être sans bien se rendre compte du mobile secret qui les pousse, sont-ils hostiles à toute mesure susceptible de rendormir ce sentiment. Ils traitent en effet d' « endormeurs » non pas seulement les hommes qui proposent des mesures de paix sociale destinées à faire durer le régime, mais encore ceux qui voient dans les réformes des moyens

d'éducation, d'adaptation et d'émancipation pro-
gressives de la classe ouvrière.

Le sentiment de révolte ayant besoin d'être
sans cesse réveillé, jusqu'à ce que sa continuité
en ait fait une habitude d'esprit, un instinct, à
quel excitant la nouvelle école recourra-t-elle ?
Il le faut simple et fort à la fois. Ici, l'école n'a
pas à s'ingénier : elle n'a qu'à observer, ce qui
est fort scientifique ; mais elle généralise un
phénomène frappant et fréquent, ce qui ne l'est
plus du tout. Le phénomène, c'est la grève,
instrument primaire de la lutte de classes, aussi
vieux que les classes elles-mêmes, la retraite
de la plèbe romaine sur l'Aventin en témoigne.
Il suffit de généraliser le phénomène pour que
la révolution soit. Comment, dans le temps et
dans l'espace ? En le montrant comme l'unique
agent d'émancipation ouvrière. Voilà pour la
simplicité.

Mais par quel moyen donner de la force à ce
concept simple et unique ? Comment décider les
ouvriers à faire grève autrement que contraints
par des causes directes et immédiates ? Comment les amener à ne voir dans les grèves partielles que les exercices d'entraînement, les
manœuvres préparatoires de la grève générale
révolutionnaire ? Comment entretenir à l'état
permanent l'exaltation passionnée, mais tempo-

raire, qui ne les meut actuellement qu'en période ou en préparatifs de grève ? En réveillant un antique sentiment, fort comme un instinct, au moment même où l'esprit critique le laisse désemparé et sans emploi : le sentiment mystique.

Ainsi se trouve ennobli et idéalisé le refus de travail auquel les duretés de sa condition acculent trop souvent l'ouvrier. Ce n'est plus pour augmenter de quelques sous sa paie quotidienne qu'il se met en grève, mais pour s'entraîner à la grande guerre révolutionnaire. Tout ce qui fermente encore en lui d'esprit religieux et militaire se transvase dans la catégorie économique et bouillonne dans le syndicat. Est-ce pour « gaigner » par conquête, comme les ancêtres aux Croisades, ou pour libérer des peuples, comme ceux de l'an II ? Ou inversement. Car les volontaires de la République furent par la suite de rudes soudards et pillards, et nombre de croisés ne rêvèrent jamais que la délivrance du divin tombeau.

Instinct de bataille, foi au miracle qui mue la géhenne en paradis, ce paradis promis aux violents qui oseront le ravir, voilà les motifs d'exaltation que la nouvelle école ravive chez le prolétaire pour l'élever au-dessus de lui-même et le tenir en permanent état de grâce. Nulle

croyance sans mythe, nulle armée sans mot de
ralliement et sans drapeau : la grève générale
promue à la dignité de mythe sera l'unique mot
de ralliement et l'unique drapeau de la classe
ouvrière en croisade conquérante, sûre de vain-
cre puisqu'elle porte en elle l'âme naïve et
héroïque des ancêtres.

La grève générale suffit-elle pour une révolution aussi vaste et aussi totale ? Est-elle d'autre
part possible ? Questions oiseuses. La vie morale et sociale des vingt siècles écoulés ne s'est-
elle pas alimentée du mythe chrétien, que la
science historique achève de mettre au rang
des mythologies antérieures abolies ou plutôt
absorbées par lui ? Ainsi opérera le mythe nouveau. Diligents comme des rats de bibliothèque
et subtils comme des théologiens, les docteurs de
la grève-mythe s'emparent du pragmatisme remis à la mode par des métaphysiciens d'Amérique et de France. Cet instrument philosophique
est placé par eux tout nu dans une lumière
cruelle, et ce qui glorifie la vérité le montre
ainsi à sa honte : une doctrine ou une opinion
ne vaut pas par la somme de vérité qu'elle contient, mais par le parti qu'on en peut tirer...
Quelle aubaine pour un nouveau Pascal ! Mais
nous avons les *Provinciales*. Relisons-les.

Comme il serait à souhaiter que les prolétai-

res pussent avoir connaissance des livres, bro-
chures et revues où s'étale un si docte mépris
de leur inaptitude prétendue à supporter la vérité
et à tirer d'elle la matière de leur idéal ! Leur
sens commun suffirait à discerner la contradiction grossière qui ruine toute cette construction
mythologique fondée sur la théorie du mensonge
vital : traiter en enfants, ou plutôt comme les
pédagogues attardés les traitent encore, ceux
qu'on appelle à être des hommes, n'est-ce pas
contrarier, retarder leur aptitude à le devenir ? Le mythe chrétien est né dans le peuple, et
ceux qui l'exprimèrent en doctrine y avaient
foi autant que le peuple lui-même. Énervés en
naissant par l'ironie de Renan, à la fois trop
subtile et trop forte pour eux, nos mythologues
ne doutent pas seulement pour eux-mêmes,
mais pour ceux à qui ils offrent des motifs de
foi et d'action. Et ils les grisent d'espoir et de
fureur, comme on verse l'eau-de-vie aux soldats,
les matins de bataille.

Quel pessimisme au fond de cette doctrine
d'exaltation qui prétend élever la masse à un
plan de vie supérieure ! Combien plus fécond a
été l'optimisme de cette philosophie du xviiie siècle, qui achève aujourd'hui son tour du monde
et vient de délivrer la Turquie de l'absolutisme.
tandis que la Russie, la Perse, l'Inde, la Chine

même aspirent violemment aux droits de l'homme et du citoyen! Ces droits ne sont rien sans ceux du producteur et du consommateur, soit. Mais ceci achève cela, et il faut cela d'abord. Nous qui l'avons, nous devons le dépasser, mais en l'utilisant et non en allant chercher notre force dans ce qu'il eut mission d'abroger.

Agir autrement, c'est nier la capacité sociale de la classe ouvrière et s'interdire le droit d'éclairer la route qui la conduit vers son destin.

CHAPITRE IV

LA CRISE DÉMOCRATIQUE

I. — *Les réalisations de la Démocratie*

Pas plus en Amérique qu'en Europe, la démocratie n'est parvenue encore à se réaliser dans l'Etat, qui, sur l'un comme sur l'autre continent, est bien moins l'instrument de la puissance publique que le fief d'une classe sociale servie par un parti politique. Aux Etats-Unis, l'Etat n'est cependant pas un mécanisme agencé pour le développement d'un pouvoir unique et central, supérieur et quasi extérieur à la nation. Formé par un contrat démocratique, il n'est pas même encore achevé de toutes pièces dans ses organes nécessaires (1); chaque région a créé le sien et n'a laissé à l'Etat fédéral qu'un pouvoir jalousement limité : et pourtant cet Etat incom-

---

1. V. mon article sur « l'Exploitation capitaliste du domaine de l'Etat », *Revue Socialiste*, mars 1907, p. 243.

plet, insuffisant, est déjà corrompu ; et les efforts
que tente certain parti pour lui donner plus
d'autorité, c'est-à-dire, théoriquement, en faire
un instrument réel de la puissance nationale,
cachent mal les projets de dictature formés par \
une oligarchie de politiciens d'affaires, ou plutôt
d'hommes d'affaires utilisant la politique et son
personnel. Et tandis que les Etats-Unis de
l'Amérique du Nord tombent de démocratie en
ploutocratie, on voit la plupart des Etats désunis
du Centre et du Sud américains perpétuer dans
un désordre politique et économique permanent
l'antique querelle qui déchira et finalement
détruisit les cités grecques.

Pour ce qui est de la France, où le statut
démocratique n'est guère contesté que par d'archaïques théoriciens réduits à ne plus compter
que sur les surprises de la force pour le supprimer, la démocratie a tout transformé, sauf
l'Etat, son mécanisme et ses fonctions. Ce n'est
point qu'elle n'ait pesé sur lui pour l'obliger à
lui rendre les services les plus immédiatement
nécessaires, ni que, dans une mesure point
négligeable, elle ne l'ait dépouillé de quelques-
uns de ses plus criants caractères de com-
pression. Dans le premier ordre, la démocratie a obtenu de l'Etat qu'il fasse fonction
d'instituteur public et intervienne par une légis-

lation protectrice des plus faibles dans les rapports du capital et du travail ; mais elle a
obtenu les mêmes résultats, et parfois plus
complètement, par une simple pression du
dehors dans les pays où elle n'a point encore
part au pouvoir. Dans le second ordre, la
liberté d'écrire, de s'assembler et de s'associer
et la laïcisation complète de la puissance publique ont eu précisément pour effet de mettre en
pleine lumière la contradiction qui existe entre
la démocratie et l'organe nécessaire d'autorité
publique.

Pour trouver les causes de cette contradiction
dont les effets sont aujourd'hui flagrants et, dans
l'énervement de la puissance publique, mena-
cent de nous faire tomber d'anarchie en césarisme, par lassitude du désordre latent et faillite
des espérances démocratiques, il faut se demander ce qu'est l'État selon la conception moderne.
Il est par définition un service public en même
temps que le lien visible d'une communauté
nationale. En démocratie, il tire l'être et le pouvoir du consentement commun, non point tacite
mais exprès, formulé d'une manière plus ou
moins exacte par le suffrage universel, c'est-à-
dire des individus mâles majeurs. Il est divisé
en trois pouvoirs : celui qui fait la loi, celui qui
l'interprète et celui qui l'applique. Ce serait par-

Fournière

fait : 1° si l'État pouvait se borner à être le lien visible de la communauté nationale, son défenseur contre toute attaque extérieure en même temps qu'un producteur de sécurité intérieure et un arbitre des conflits individuels entre citoyens ; 2° si le suffrage. dit universel était bien réellement un sûr moyen d'exprimer la volonté commune de la nation et de donner à chaque citoyen son plein pouvoir de délibération ; 3° si la souveraineté réelle, au lieu de résider dans le pouvoir législatif, ne s'était en réalité maintenue à travers quatre révolutions dans le pouvoir exécutif et si celui-ci ne s'était subordonné le pouvoir judiciaire ; 4° enfin si, malgré les fictions constitutionnelles, tous les pouvoirs n'étaient en réalité exercés par le parti qui s'appuie sur une majorité électorale sans être pour cela l'émanation et l'interprétation de la volonté délibérée du plus grand nombre, ce parti n'étant, quel qu'il soit, qu'un groupe minuscule fortement organisé pour la lutte contre d'autres groupes semblables et ayant eu sur eux l'avantage, parfois momentané, d'entraîner à sa suite les majorités votantes, mais non réellement délibérantes, donc non réellement souveraines.

Vaille que vaille, un État ainsi organisé et conduit, pourrait à l'extrême rigueur suffire à une

nation sans riches ni pauvres, sans grandes
compétitions économiques, donc sans industrie
progressive, et résignée à un immobilisme social
de tout repos bercé, à peine secoué, par les agi-
tations superficielles des clans politiques luttant
pour la conquête d'un pouvoir aussi facile à
exercer dans ses fonctions simples que nourri-
cier pour ceux qui s'y sont installés. Pourvu que
nul État pauvre et ambitieux ne l'avoisine, ou
que nul État riche ne convoite les richesses
inemployées de son sous-sol, un tel État oscil-
lera sans trop de risques entre une anarchie
relative et une tyrannie également relative dans
d'incessantes querelles de clans pour la possession du pouvoir. Mais que fera de cet État une
démocratie comme la nôtre, que les nécessités
mêmes de l'existence sociale actuelle, poussent
à exiger de lui qu'il ne soit pas seulement un
service public de sécurité intérieure et extérieure, mais un service public complet, pour
satisfaire à tous les besoins de la communauté
nationale auxquels ne peuvent répondre les
efforts individuels ou associés ? Et ces besoins
sont nombreux autant qu'impérieux dans un
milieu de lutte et d'instabilité économiques, où
le citoyen pauvre doit participer à l'universelle
concurrence dans des conditions d'inégalité qui
font de lui un vaincu d'avance et, par sa subor-

dination sociale, annulent son semblant de souveraineté politique en même temps que sa prétendue égalité civile.

La démocratie a donc chargé l'Etat de pourvoir à ces besoins. Dans ce but, elle lui a donné de nouvelles et multiples attributions, et un budget sans cesse accru rémunère une armée de fonctionnaires quadruplée en moins de cinquante ans. Et le tout sans modifier le mécanisme centralisé et autoritaire de cet Etat, dans lequel cependant les fonctions de service public prenaient le pas sur celles d'ordre public pur et simple. Installé dans l'Etat comme dans un château-fort à l'assaut duquel montent les partis d'opposition, le parti au pouvoir a pris les lois pour armes et les fonctionnaires pour soldats. Et chaque progrès démocratique incorporant à l'Etat de nouvelles fonctions et grossissant l'armée des fonctionnaires, ceux-ci ont été recrutés de préférence parmi les clans qui, dans chaque canton, avaient porté le parti démocratique au pouvoir. Les chefs parlementaires du parti sont ainsi devenus les recruteurs des fonctionnaires et les maîtres de leur avancement dans la hiérarchie, s'y intercalant eux-mêmes dans les plus hauts grades, au mépris de tout droit, quand ils étaient balayés du pouvoir par la vague électorale qui les y avait portés.

II. — *Inadaptation de l'État à la Démocratie moderne*

Ce régime césaro-démagogique ne peut plus durer. Il périt de sa contradiction organique. La majorité parlementaire est maîtresse de l'État ; mais elle ne l'a conquis qu'avec l'aide de l'armée des fonctionnaires. Oui, aussi sûrement que la Chambre de Louis-Philippe et de Guizot, à la veille de Février, notre Parlement est l'élu des serviteurs publics, las aujourd'hui d'être les serfs du clan au pouvoir et les jouets de la faveur, puisqu'ils ont enfin aperçu qu'elle ne peut profiter à tous. Les légions des postiers, des instituteurs, des cheminaux, des rats-de-cave et des gabelous en ont assez de donner la pourpre à des Césars improvisés qui ne peuvent faire César chacun de leurs membres. Elles ne mettent plus l'empire aux enchères, mais rêvent de se l'adjuger en arrachant l'État aux partis et à la nation elle-même si celle-ci ne réforme pas l'État, si elle ne transforme pas enfin en réalité la fiction de sa souveraineté.

Ici, un correctif est nécessaire. La poste aux postiers et l'école aux instituteurs sont des formules de combat d'avant-garde bien plus que des buts précisés et affirmés par les associations

de fonctionnaires. En réalité, par la nature
même de leurs services, par le caractère technique de leur travail, les agents de gestion
noient dans leur masse chaque jour grossie les
agents d'autorité. L'Etat ne peut donc être pour
eux un moyen de domination, mais plutôt un
instrument de travail. Par la force même des
situations, bien plus qu'à devenir eux-mêmes
le gouvernement, ils tendent à réduire les attributions de l'autorité de gouvernement qui pèse
sur eux et limite au minimum ou même com-
mande et ainsi supprime la vie civique de chacun d'eux. Pour les mêmes causes, ils sont amenés
de plus en plus à considérer l'Etat instituteur,
industriel et transporteur comme un patron et
à agir vis-à-vis de lui comme font les travailleurs
employés par les établissements privés de l'industrie, des transports et du commerce. La servitude civique où ils sont tenus annule à leurs
yeux les avantages de sécurité dont ces derniers
sont privés, et à qui d'ailleurs la démocratie les
promet par ses projets sur le chômage et les
multiples assurances ouvrières, y compris la
pension de vieillesse.

Du fait que l'établissement de la démocratie
fut une victoire de parti dont l'Etat fut le butin,
sont découlées les conséquences ci-dessus expo-
sées. Il ne s'agit pas d'incriminer les hommes,

ni les partis, qui ne pouvaient faire autrement. La démocratie a lancé ses troupes sur le pouvoir comme à l'assaut d'une forteresse qu'on se garde bien de détruire lorsqu'on s'en est emparé, mais dont au contraire on répare les brèches afin d'empêcher l'ennemi de la reprendre par force ou par ruse (1). De là vient que tous les chefs de la démocratie investis du commandement de la forteresse, j'entends ceux qui étaient résolus à résister aux assauts et aux pénétrations sournoises de l'ennemi, ont été des praticiens de la manière forte, des gouvernants à poigne, des hommes d'autorité.

Tant que la démocratie fut contestée dans notre pays, — et sa victoire définitive ou plutôt l'adhésion de la masse nationale est d'hier, — il était impossible aux élus républicains d'avoir une autre notion pratique du pouvoir et de l'Etat. Leur origine même s'y fût opposée : ils étaient les produits, les interprètes d'une démocratie exclusivement politique à laquelle ses éducateurs avaient enseigné que le suffrage universel conscient et éclairé suffit pour donner au peuple sa pleine souveraineté. Pourvu que

1. Exemples : le rôle directement politique et électoral des préfets et sous-préfets, les fonds secrets et la police politique. V. sur celle-ci les doléances des députés en butte à ses enquêtes et à ses rapports, en juin 1909.

le suffrage universel fût conscient et éclairé dans la personne de ses mandataires investis des pouvoirs absolus du souverain, cela pouvait suffire aux tâches du jour et du lendemain ; c'est-à-dire à repousser les assauts de la réaction et à préparer lentement, très lentement, le peuple à l'exercice direct de sa souveraineté par des lois de liberté politique et d'atténuation des inégalités économiques. C'est ainsi que toute la puissance et tout le personnel de l'État demeurèrent, par la force des choses, des notions et des situations, un ensemble de moyens propres à assurer la victoire de la démocratie sur les partis de réaction, comme ils l'avaient été aux mains de ceux-ci contre les assauts de celle-là.

L'établissement définitif de la démocratie par l'adhésion des masses électorales au radicalisme en 1906 devait nécessairement amener les esprits clairvoyants à se demander si l'État pouvait continuer d'être l'instrument de servitude politique et économique d'une catégorie nombreuse de citoyens. Il n'y avait pas grand mérite à cela : les faits crevaient les yeux de qui ne les tenait pas obstinément fermés. Lorsque la Chambre discutait la validité de telle élection faussée par l'argent ou par la pression des grands propriétaires et industriels sur leurs salariés, il fallait bien tout de même entendre les conservateurs riposter du tac au tac : — Et vous, républicains, faites-vous autre chose quand vous lancez contre nos candidats votre armée de fonctionnaires, du préfet au cantonnier, contraints, sous peine de révocation, d'être vos agents électoraux ?

Puisque le règne de la démocratie était assuré, quel besoin désormais de conserver les formations de combat et d'en maintenir les disciplines, sinon pour frustrer des profits de la conquête ceux qui en avaient été, bon gré mal gré, les soldats ? Ces derniers voulurent, et c'était légitime et nécessaire, être des citoyens autrement que par ordre. Tant que la démocratie avait eu besoin de l'État tel quel, avec sa hiérarchie autoritaire, ils avaient pu et d'ailleurs dû subir en silence tous les inconvénients, tous les vices, toutes les iniquités de cette machine d'autorité transmise par l'ancien régime au césarisme et recueillie par la démocratie politique. Mais rien à présent, sinon la paresse intellectuelle des uns et l'intérêt des autres, ne justifiait plus, ni n'excusait, l'asservissement des fonctionnaires au régime de classe des degrés supérieurs de la hiérarchie et au régime de clientèle et de favoritisme des démocrates au pouvoir.

D'autre part, les salariés publics voient les
salariés privés aspirer à la conquête du capital :
amenés par les circonstances et leur situation
présente à saisir les caractères qui rendent
semblables tous les salariés subordonnés, ceux
de l'Etat veulent de même conquérir leur indépendance économique ou plutôt la liberté d'organiser le travail et la répartition. La conver-
gence forcée de ces deux tendances nous est
une sûre garantie que l'Etat ne pourra être la
chose de ses fonctionnaires contre la nation.
Mais à une condition, cependant : c'est qu'enfin
la nation se connaisse, et se possède, et s'organise dans les cadres nouveaux formés par la
nécessité de l'action collective, dans les associations de catégorie, dont celles de la catégorie
économique sont les plus importantes, pour
équilibrer toutes les forces, résoudre en accord
toutes les oppositions et, dans une démocratie renouvelée, transformée en sociocratie, réaliser l'individu libre et fort qu'ont voulu la philosophie du xviiie siècle et sa Révolution.

III. — *Incompétence et inexistence du Suffrage universel*

Mais il faut revenir sur l'infirmité organique
actuelle de la démocratie et sur les symptômes

de décomposition de la puissance publique qui consternent les hommes de progrès et suscitent les folles espérances des partisans d'un impossible retour au passé. Le mal, encore une fois, vient de ce que nous avons un mécanisme démocratique simpliste à l'excès pour répondre aux besoins d'une société complexe à l'extrême et qui, par son développement démocratique, utilise de plus en plus l'État pour les besoins collectifs accrus. Instinctive plutôt que délibérée et formelle, la volonté de la nation s'exprime en vrac et sommairement, par le grossier fonctionnement d'un suffrage universel amorphe et incompétent, à la fois morcelé par l'arrondissement et brutalement majoritaire.

Le scrutin de liste et la représentation proportionnelle réaliseraient, certes, un progrès dans le sens de l'organisation. Mais ces réformes, d'ailleurs aussi désirables qu'une meilleure répartition du travail législatif et qu'une notable réduction du nombre des députés, ne changeraient rien au caractère fondamental d'un état de choses dont les démocrates-socialistes doivent ressentir plus vivement et avec plus d'impatience et d'inquiétude le vice organique que les conservateurs et même que les démocrates purs.

Même si l'histoire avait fait de nous une nation fédéraliste, le vice organique essentiel de notre démocratie subsisterait, avec, il est vrai, des effets immédiats atténués et des conséquences moins périlleuses pour l'existence du corps social ; car il tient au caractère simpliste de notre démocratie, comme d'ailleurs de toute démocratie. Qu'a dit en effet l'électeur à son mandataire, en l'envoyant au Palais-Bourbon ou au Luxembourg, et qu'a promis celui-ci en recevant la délégation de souveraineté ? « Fais mon bonheur », a ordonné le premier au second, qui lui a répondu : « Je ferai ton bonheur. » Bien entendu, l'entretien n'a pas été aussi sommaire ni aussi absolument général ; mais il est certain que les pourparlers préliminaires entre le mandant et le mandataire, c'est-à-dire la campagne électorale où électeurs et candidats se sont censément expliqués, n'ont pu avoir une valeur mystique suffisante pour donner à chaque citoyen, du moins à la majorité et, en tout cas, au futur élu, les connaissances surhumaines que suppose la vue d'ensemble et surtout de détail des problèmes à résoudre, et qui sont tous du domaine du souverain, puisque sa souveraineté s'exerce sur toutes les manifestations et tous les rapports de la vie sociale.

— Tu seras marin, dit le mandant au mandataire. — Je serai marin, quoique notaire, ou professeur, ou industriel. — Tu seras militaire. — Qui n'a passé par le régiment ? — Tu seras financier. — Je sais compter. — Économiste. — Qui ne l'est ? — Ingénieur. — C'est facile. — Agronome. — On peut s'y mettre. —Diplomate. — Pourquoi pas ? — Pédagogue. —Cela va sans dire.—Juriste par surcroît. — Autant que toi-même, cher votant. Je serai tout cela comme tu l'es toi-même. Je veux dire comme chacun de vous tous l'est lui-même.

Braves gens ! Pauvres gens !

Tout semble réuni, dans ce mécanisme, pour empêcher le citoyen d'être un souverain réel. La voix du tâcheron illettré vaut celle du membre de l'Académie des sciences ; mais la femme n'a pas droit au bulletin. Les trente mille votes hindous qu'un Chanemougan vend en bloc à quelque métropolitain en mal de députation, comptent et valent autant qu'un nombre égal dans une de nos populeuses cités industrielles éveillées depuis longtemps à la vie civique ; et les circonscriptions les plus pauvres sont d'ordinaire représentées par des députés richissimes. Dans ces conditions, mieux vaudrait tirer les députés au sort, comme le proposait naguère M. Henri Mazel : l'égalité serait du moins un peu plus respectée. Comment un tel troupeau dispersé, réuni tous les quatre ans dans les divers

Fournière 7

centres géographiques où il est parqué, a-t-il pu néanmoins demeurer, vaille que vaille, une nation et même accuser une tendance vers une forme politique définie ? Ce serait là un mystère insondable si l'on ne se rappelait, pour lui rendre justice et hommage, l'œuvre libérale de la bourgeoisie française depuis la Révolution, et aussi le besoin qu'elle a eu des masses paysannes et ouvrières pour défendre contre tout retour au passé sa domination sociale et politique. C'est ainsi que, moitié de gré, moitié de force, elle a été amenée à rejeter le régime censitaire, devenu impossible à cause des forces populaires qu'elle avait déchaînées, puis le régime césarien, juxtaposition précaire et paradoxale d'un asservissement politique général à une caricature de démocratie, et à accepter enfin le régime démocratique dont elle forme l'élément dirigeant.

D'autre part, la nation a été maintenue dans une homogénéité relative par le vouloir-vivre instinct profond servi par la tradition démocratique établie depuis un demi-siècle et fixé depuis une génération par l'enseignement public. Tradition vague, enseignement de formules, soit, mais qui répondaient au sentiment intime de liberté et de progrès continu qui est au cœur des masses insatisfaites et rendues telles, non

par un amoindrissement civique et social,
mais bien au contraire par leur développement
sur ce double plan. Aussi mal éclairé sur les conditions économiques réelles que mal servi par
les élus de la nation, ce sentiment a pu ainsi
s'égarer à diverses reprises par poussées brus-
ques, paniques de démocratie rejetant en arrière
les mécontents, comme on le vit en 1889. Si
le suffrage universel ne cesse pas d'être le groupement artificiel de majorités compactes menées
par des clans politiques, s'il ne s'éclaircit, ne
s'éclaire, ne se divise et ne s'organise pour
donner à chaque citoyen faculté et compétence
de délibération, nous sommes condamnés à
chanceler de despotisme en anarchie jusqu'à
l'écroulement de cet édifice instable qu'est notre
caduque institution démocratique.

IV. — *Exploitation de la Nation par les Partis*

Comment le suffrage universel ainsi conçu et
pratiqué pourrait-il être le moyen d'expression
d'une volonté commune fondée sur des principes
généraux et orientée vers des buts d'utilité nationale? On enseigne la Déclaration des droits
dans l'école primaire, et tous les discours officiels
ou électoraux la paraphrasent avec une élo-

quence abondante ; aussi les citoyens les plus
bornés, ceux-là surtout, savent à quels mots ils
doivent battre des mains et à quelles formules
répondre par des acclamations. Mais comme
ces bonnes gens qui ne sont chrétiens qu'à la
messe, lorsque la canne du bedeau et la sonnette
de l'enfant de chœur règlent leurs génuflexions,
ils ne sont que des citoyens de meeting ou de
banquet ; car on ne peut dire qu'ils exercent
leurs droits et remplissent leurs devoirs de citoyens dans la courte minute où ils délèguent au
jugé leur prétendue souveraineté pour plusieurs
années.

On a cru achever l'éducation civique scolaire
en mettant au plus bas prix le *Journal officiel*
et en affichant les délibérations du Parlement
dans les plus humbles hameaux. Le civisme
réel, et non formel et verbal, n'en pouvait recevoir qu'un maigre secours, même si les citoyens
avaient suivi avec une assiduité et une préalable
information suffisantes les confuses discussions
soulevées par les problèmes de politique intérieure et extérieure. Croit-on que les choses
iront mieux quand ils seront éclairés par un
enseignement civique mieux organisé et exercés
par une plus longue pratique de la démocratie ?
Pense-t-on se tirer d'affaire en se fiant au temps
pour créer une tradition de liberté et de délibé-

ration ? Nous pourrions nous accorder ce crédit si nous constations un progrès de l'esprit civique dans la nation. Or, c'est précisément le contraire qui s'impose à nos regards. Nous voyons bien grandir des aspirations et des exigences démocratiques, profondément légitimes puisqu'elles expriment des besoins réels et tendent à la destruction d'iniquités séculaires. Mais elles sont servies par un empirisme grossier et, quand elles obtiennent satisfaction, le mécanisme même de l'État et des partis fait de leur objet la source de nouvelles iniquités (1).

Les partis gouvernent la nation, et rien ne gouverne, ne contrôle, ne critique les partis. Car la presse ne remplit pas cette fonction, bien qu'elle le prétende et que les journaux vantent à l'envi leur indépendance et leur amour du bien public. Leur hypocrisie en cette matière est même une des choses les plus démoralisantes et les plus pervertissantes qu'il soit possible d'imaginer. Il y en a de deux sortes : les journaux qui gagnent de l'argent et ceux qui n'en gagnent pas. Les premiers sont indépendants du pouvoir et des partis, mais non de la

---

1. C'est ainsi que la loi d'assistance aux vieillards est devenue un instrument de règne, récompense des bien votants et châtiment des autres, aux mains des tyranneaux de village et grands électeurs de petite ville.

finance, puissance occulte vingt fois plus réelle et plus forte que la puissance publique organisée. Ils ne dépendent pas même de leur clientèle, amenée par de purs moyens de réclame et retenue par les artifices les plus grossiers. Les autres dépendent des partis qui tiennent le pouvoir ou veulent le conquérir, et pour la plupart d'entre eux une servitude financière s'ajoute à leur servitude politique. Si bien que les uns et les autres sont des instruments de combat pour la conquête ou la conservation du pouvoir, mais non les moyens d'éducation de la démocratie par une discussion loyale du pour et du contre. De plus, et du fait que les intérêts capitalistes pèsent de toute leur force sur la plupart d'entre eux, on voit les journaux les plus démocrates soutenir les réformes démocratiques comme la corde le pendu, lorsque la Bourse a prononcé son veto sur elles. (1)

Dira-t-on que le « quatrième pouvoir » perd toute nuisance par les oppositions mêmes qu'il manifeste et que les discussions des journaux, contribuant à placer le pour et le contre de chaque question devant l'esprit du citoyen, éveillent

1. Exemples : L'impôt sur le revenu et le rachat des chemins de fer. L'embarras de nos démocrates asservis ou intimidés est la risée de l'Europe même conservatrice.

finalement en lui des facultés de discernement, de délibération et de choix qui l'habitueront progressivement à exercer la souveraineté réelle. On pourrait le croire si ces débats l'amenaient au véritable scepticisme, fondement de toute perception scientifique des choses. Mais le pour conservateur et le contre démocratique ne contiennent presque jamais les éléments positifs et négatifs, ni surtout les aspects complexes des problèmes politiques. Les délibérations parlementaires elles-mêmes ne peuvent les contenir bien qu'elles soient pourvues d'éléments d'information moins sommaires par des rapports techniques et des documents spéciaux. Lorsqu'il s'est agi de supprimer la peine de mort, des statistiques ont été produites, dont les unes prouvaient l'augmentation de la criminalité et les autres sa diminution. Elles étaient aussi exactes les unes que les autres. Si la Chambre n'a pas su discerner que l'augmentation de la criminalité n'est pas faite d'actes passibles de la peine suprême, comment veut-on qu'y parvienne le simple citoyen, informé seulement par un journal qui trouve plus de clients à les passionner et à les flatter dans leurs préjugés qu'à les instruire ? Et, sur dix citoyens, il en est neuf au moins qui ne lisent qu'une feuille et sont condamnés à n'entendre que le pour ou le contre. (1)

Le scepticisme qui envahit la masse de la nation ne peut être appelé tel que par la nécessité de donner à ce mot un sens péjoratif si l'on veut être compris. C'est en réalité un état d'hébétude et d'ahurissement découragés qui s'exprime par le mépris indigné ou l'ironie. Il y a de cet état à celui du véritable sceptique la différence de l'âne de Buridan, qui se couche entre son seau et son picotin, à celui d'un Descartes, qui doute de toutes les affirmations dogmatiques, les écarte en bloc, puis réintègre dans ses concepts tout ce qui a résisté à l'examen critique, Certes, le citoyen moderne n'en est pas à la stupidité de l'âne légendaire, et ce serait d'autre part pousser envers lui l'exigence jusqu'au nihilisme politique et social que de lui vouloir les facultés d'un Descartes ; somme toute, il est plus près du philosophe que de l'animal, puisqu'il est homme.

Mais c'est un homme laissé à l'impulsion et poussé à la passion par ceux qui pensent et

1. L'administrateur d'un journal qui, en dix ans, avait passé aux mains successives de quatre partis très sensiblement différents, me montrait un jour la lettre d'un « fidèle abonné » qui commençait ainsi : « Vieux et assidu lecteur de ce journal que j'aime, parce qu'il n'a jamais varié dans ses fermes convictions, qui sont les miennes, etc. »

agissent pour lui sans s'être au préalable affranchis de l'impulsion et de la passion, et qui prétendent l'en affranchir en l'y abandonnant comme ils s'y abandonnent eux-mêmes. La lutte est un facteur nécessaire du développement politique, aussi certainement qu'elle l'est du développement biologique. Mais la coopération est un facteur aussi nécessaire, si elle a paru jusqu'ici prendre une importance moindre. Or, nulle coopération selon les concepts modernes n'est possible ni réelle sans liberté d'option et sans égalité entre les coopérateurs. Les partis créent bien une sorte de coopération intérieure pour la lutte extérieure, contre les autres partis. Mais même les plus démocratiques, voire sociaux, d'entre eux, pratiquent la forme la moins libérale et la moins égalitaire, donc la plus imparfaite de la coopération. Ils discernent en gros des besoins collectifs et se mettent à la tête des courants populaires; mais la masse qui leur confie ses aspirations et marche à leur suite est toujours considérée par eux comme un instrument passif, comme l'alignement de zéros qui donne au chiffre de gauche toute sa puissance. N'en a-t-il qu'un à sa droite, il ne vaut que pour dix; en a-t-il six, il vaut pour un million.

Le parti à six zéros ne les sert que subsidiairement. Pratiquant la charité bien ordonnée, c'est d'abord lui-même qu'il pourvoit. Il installe ses généraux, ses capitaines et ses sergents dans tous les postes de la hiérarchie élective et administrative. Grâce à ce mécanisme, une telle armée peut à son gré exploiter et despotiser la minorité de la nation votante, c'est-à-dire la majorité absolue : car les inondations et les incendies, les grêles et les sécheresses, les épidémies et les épizooties ne donnent pas tant lieu à une imparfaite assurance sociale qui répartit les secours du budget national entre leurs victimes qu'à un moyen de gouvernement qui indemnise les bien votants et achève la ruine des mal votants.

Si demain le parti conservateur, le parti des riches, résolu à un sacrifice qui serait un bon placement, se levait et offrait à la nation de prendre le gouvernement en charge sans demander aucun salaire au budget, il pourrait être à craindre que la masse fatiguée, désabusée et désorientée se remette entre leurs mains pour échapper à une exploitation politique encore plus démoralisante qu'onéreuse, et qui est supportée avec d'autant moins de patience qu'elle est un flagrant démenti aux phrases officielles et aux principes mêmes de la démocratie.

Mais non : c'est dans cette clairvoyance, en

somme, qu'est le salut Puisque la nation ne supporte plus une telle contradiction, — car son désarroi est le signe de sa protestation, — il y a espoir et ressource. La démocratie est mûre pour le dépassement d'elle-même qui doit la sauver. Elle ne s'arrête que faute de pouvoir discerner le bon chemin. Qu'on le lui ouvre, et elle reprendra sa marche en avant.

V. — *La Crise politique et morale*

Jadis l'autorité morale résidait dans l'Eglise. C'est en vain que l'Etat prétendrait à ce magistère. Les partis dont il a été la conquête successive depuis la Révolution ont tenté en vain de le lui attribuer, et leurs luttes pour faire de l'enseignement et de l'éducation un service d'Etat attestent leur préoccupation constante d'unité morale. Mais ce n'est pas seulement pour les raisons dites plus haut que l'autorité morale de la puissance publique est tombée au plus bas : il faut encore tenir compte des destructions, somme toute nécessaires, accomplies dans l'esprit et les sentiments publics par la critique moderne. Nous sommes arrivés à une phase d'individualisme moral qui semble anarchie aux regards des traditionalistes et qui déconcerte

même de sincères amis du progrès politique et
moral. Sans partager l'optimisme de Fourier,
dont les « séries contrastées » utilisaient, en les
opposant et les équilibrant, les appétits les plus
immoraux et les passions réputées les moins
sociales, sans voir avec Ch. Letourneau dans
l'alcoolisme l'excitant qui produit un milieu de
nervosité générale favorable à l'éclosion de valeurs intellectuelles dans tous les ordres, on
peut ne pas s'effrayer outre mesure de la crise
morale actuelle.

Placés dans d'autres conditions sociales
d'existence et de groupement, il se conçoit que
nous ayons une autre conception de nos rapports
réciproques. Nous adaptons nos mœurs à notre
milieu et sommes contraints de le faire sans
autre règle que notre raison, plus ou moins
affranchie de l'instinct et éclairée. Or, d'instinct
même, nous ne sommes pas uniquement guidés
par l'intérêt, mais encore par un besoin de sociabilité qui, pour perdre ses caractères naturels
et grégaires et en contracter qui sont d'affinités
électives, n'en est pas moins très fort. Les impératifs essentiels de toute sociabilité sont donc suffisamment agissants en chacun de nous pour nous
doter d'une moralité moyenne suffisante qu'enfin
de compte l'intérêt bien entendu vient plutôt consolider qu'affaiblir, et qu'il consolidera au fur et

à mesure que nous nous rapprocherons d'une équilibration des intérêts selon les lois de l'équité Si donc les socialistes ont raison de voir un facteur de crise morale dans l'incessant déclassement économique des individus et dans la mise en valeur marchande des sentiments, des idées et de la science par le système capitaliste, ils ont tort de croire que c'est là sa fonction spécifique, ou simplement qu'il soit par lui-même un facteur de permanente démoralisation. L'impudente et solennelle polygamie d'un Louis XIV, non plus que les rapines des maréchaux de l'Empire, ne doivent rien en effet au système capitaliste. Il est même à remarquer que l'Etat s'est moralisé au point qu'on ne le supporterait plus faux monnayeur ou banqueroutier. Que demain le système capitaliste s'achève par le trust et règle la production sur les besoins d'un marché connu et éclairé, les crises de surproduction ou de sous-consommation pourront disparaître ; et avec elles le déracinement en masse des populations rurales, le chômage, l'incertitude du lendemain et l'insouciance fataliste qu'elle engendre. Croit-on que, de ce chef, l'alcoolisme et la prostitution, et toutes les tares morales qui en dérivent, disparaîtront ? Pas plus que si, demain, le socialisme donne l'hégémonie économique au prolétariat organisé

Il est toutefois incontestable qu'en tendant à élever la valeur économique et à compléter la valeur sociale du producteur salarié en résorbant toutes les classes en une seule placée sous la loi du travail, le socialisme est un facteur de réorganisation morale incomparable ; même s'il ne devait point se réaliser, il n'en aurait pas moins, sous ce rapport, une utilité de premier ordre. Il est, de plus, certain qu'en faisant disparaître la misère avec ses incitations et ses découragements, sa réalisation ne peut que contribuer puissamment au rétablissement de l'équilibre moral en ce moment rompu par les transformations intellectuelles, politiques, économiques et sociales du xix° siècle. Ajoutons qu'étant un mode supérieur d'association impossible à réaliser autrement que par totalisation fédéraliste de tous les modes d'association économique, il ne favorise pas seulement la réorganisation morale en pourvoyant d'un idéal ceux qui lui ont donné leur adhésion, mais encore en leur imposant la pratique de la solidarité dans les tâches et concours qu'il leur demande (1).

1. Ayant traité ce point spécial dans *l'Individu, l'Association et l'Etat*, je me borne à l'indiquer ici en renvoyant le lecteur au chapitre consacré à l'efficacité morale de l'association.

Cependant il en est de cette crise comme des crises physiologiques. Abandonnés aux seuls soins de la nature et de l'instinct, les animaux n'y résistent pas tous ; et, à côté de ceux qui traversent victorieusement ces phases de leur développement et y puisent une vigueur nouvelle, bon nombre en périssent. Pour notre espèce, nous demandons à la science d'aider la nature et d'éclairer l'instinct. Il doit en être de même pour la société et les êtres moraux qui la composent. Mais comment faire intervenir l'hygiène et la thérapeutique sociales si l'instrument public de guérison est insuffisant ou contaminé lui-même? Or, on ne peut nier le profond discrédit moral de nos institutions publiques et des hommes qui les dirigent, bien que tout compte fait ils vaillent mieux que ceux d'ancien régime. Mais, en supprimant à la fois toute autorité et toute liberté, toute responsabilité et toute sanction, le mécanisme imparfait de la démocratie politique paralyse le gouvernement et terrorise le gouvernant. La peur des courants et des remous de la foule votante ne permet à nos politiciens d'oser surmonter le flot qu'en s'y abandonnant; et le cabaret où se brasse la politique primaire a pleine licence de verser dans les veines de la nation les torrents d'alcool qui charrieront le vice, la folie et le crime, jusqu'au tarissement des sources mêmes de la vie.

D'autre part, le régime des partis, entreprises d'exploitation de la chose publique, vide les consciences de tout sentiment civique. Le mot subsiste, décor de réunions électorales et de manifestations officielles; mais la chose traîne une vie languissante depuis l'admirable convulsion qui la mit au monde il y a cent vingt ans. Le grand drame de conscience publique suscité par l'affaire Dreyfus a prouvé récemment que l'esprit civique ne demande qu'à se développer et à produire les hautes vertus et les énergies exemplaires. Mais l'infirmité de nos institutions publiques n'a pas permis ce développement. Quel avait été le propulseur de cet admirable mouvement civique? Le groupement spontané, l'association étroite, par delà les partis, les confessions et les systèmes, des hommes qui voulaient la vérité et la justice. Et la catégorie morale et civique de la nation, exprimée par l'association, a vaincu tous les pouvoirs organisés et les a contraints à la justice réparative, sinon répressive, ce qui est après tout le plus noble des caractères de la sanction. Retenons ce grand fait : il nous indique dans quel sens et par quels moyens la crise politique et morale que nous traversons peut être conjurée.

VI. — *Restauration nécessaire du Principe d'autorité*

Chose qui doit retenir notre attention : nul pouvoir n'est aussi absolu que celui de la démocratie, et cependant le principe d'autorité semble s'évanouir à mesure que se développe le régime démocratique. De là ces oscillations entre le césarisme et l'anarchie qui constituent comme le rythme politique moderne. L'art politique doit donc s'appliquer à l'équilibration approximative de ces tendances opposées, puisque l'une d'elles ne peut faire disparaître l'autre sans mettre la société en péril. Et comment ceux qui gouvernent le pourront-ils si, conservateurs, ils n'ont de l'ordre qu'une conception lourdement statique ou si, révolutionnaires, ils n'ont du progrès qu'une conception effrénément dynamique? Dans l'empirisme auquel le condamne son absence de principes de gouvernement, le radicalisme, instrument de la démocratie pure, assure l'équilibre politique à peu près de la même manière que, par ses concurrences destructives et meurtrières, le capitalisme assure l'équilibre économique. Son personnel ne connaît pas de limites à la liberté lorsqu'il est dans l'opposition, et n'en met pas davantage à l'autorité lorsqu'il est au pouvoir. Ballotté entre deux démagogies, celle des classes moyennes et celle du prolétariat, il est aussi démagogue en réprimant les grèves qu'en effrayant le bourgeois par ses audaces verbales. Il tombe ainsi dans des contradictions qui achèvent d'énerver le pouvoir et de ruiner dans les esprits la notion de l'autorité publique.

De ce fait, la formidable et puissante machine qu'est l'Etat se trouve portée à son maximum de nuisance et réduite à son minimum d'utilité. L'intérêt public, invoqué par ceux qui le manient, disparaît derrière celui des partis et des individus au pouvoir. On cède à la force ; mais, discernant ses motifs, on lui refuse toute légitimité, donc toute autorité réelle.

Comment donc restaurer dans les esprits la notion nécessaire d'autorité publique ? On a essayé en 1849 de promulguer les devoirs de l'homme et du citoyen, comme pendant à la classique déclaration des droits. Cette inutile verbologie n'a pas empêché la démagogie bourgeoise et paysanne d'écraser la démagogie prolétaire sous la botte d'un César de fortune. Nos devoirs sont nos droits, et réciproquement ; il ne s'agit donc pas ici de formules ou de préceptes, mais d'application pratique. Les formules et les préceptes sont d'ailleurs parfaits ; ils ne

peuvent être cependant appliqués que s'ils sont
clairement entendus de tous, et par tous accep-
tés sans discussion. Or, cela ne se peut par l'u-
nique moyen de l'éducation verbale et formelle
de l'école. Sans que l'utilité en soit absolument
nulle, trop de faits contradictoires à cet enseignement en détruisent la plupart des effets dès
que le citoyen fait ses premiers pas dans la vie
publique. L'autorité moderne ne peut se fonder
que sur la raison, toutes autorités de tradition
ayant perdu leurs titres par la destruction dans
les esprits des notions mystiques qui la fondaient
et l'imposaient sans discussion comme sans examen. Elle doit donc se justifier, se motiver, non
seulement par la Déclaration des droits, qui
contient tous les devoirs nécessaires corrélatifs
aux droits, mais par des institutions qui permet·
tent aux droits du citoyen d'être les devoirs de
l'autorité publique, et réciproquement.

Examinons comment se fonde aujourd'hui
l'autorité. Car elle n'a pas disparu, mais s'est
déplacée, dispersée, diluée et aggravée en même
temps. Pour la mieux voir, matérialisons-la, où
plutôt incarnons-la, comme on fit toujours;
car elle n'est ni abstraite ni impersonnelle, et
toujours elle fut représentée par des individus,
de même que toujours elle s'exerça sur des indi-
dus, à leur profit ou à leur dam. C'est donc

une niaiserie abstractive que de placer l'autorité
dans le corps social tout entier. Celui-ci n'est en
effet une personne collective que théoriquement.
En réalité, il n'y a pas de peuple souverain, mais
une collectivité d'individus qui acceptent qu'on
exerce la souveraineté à leur profit commun où
à ce qu'on leur présente comme tel. Même quand
de grands périls ou d'héroïques motifs d'exaltation donnent à cette collectivité une âme commune et comme unique, ce n'est pas elle qui
exerce la souveraineté dont tous la saluent, mais
l'individu ou le groupe par qui elle est le plus
exactement représentée et exprimée. Cela posé,
et qui le contesterait ! quels individus font
accepter ou imposent actuellement leur autorité
politique et font ainsi fonction de souverains ?
L'ayant dit plus haut, je n'ai pas à y revenir,
sinon pour faire remarquer que l'étendue et la
confusion des pouvoirs publics donnent le ma-
niement de l'autorité aux individus les plus
représentatifs d'un tel état.

Comme il s'agit de tout conduire et de tout
faire, et que si par impossible un génie universel
en était capable, son aptitude ne pourrait être
discernée par l'aveugle masse qui délègue en
bloc un pouvoir absolu, c'est donc entre les plus
éloquents, les plus actifs, les plus intrigants ou
les plus bassement utilitaires qu'elle répartira ses

suffrages. On ne peut rien leur reprocher, non plus qu'à ceux qui les élisent : chacun, des uns et des autres, veut le bien public, en tant qu'il s'accorde avec le sien propre. Le pire mal vient du moyen simpliste et universel par lequel ils le poursuivent, le produisant tout de même, mais au minimum et par le maximum d'efforts et de pertes. Somme toute, le pouvoir est bien donné aux plus aptes, mais d'une confuse et universelle aptitude à une souveraineté amorphe, cahotante et asservie.

Dans les autres catégories : sciences, arts, morale, industrie, etc., l'autorité va également aux plus aptes, mais à travers une critique plus éclairée de ceux qui la reconnaissent et une compétence plus grande de ceux qui l'exercent. Cela tient à ce que ces divers domaines sont limités et précisés, tandis que celui de la politique ne l'est pas. Certes, le novateur ne fera pas toujours apprécier sur-le-champ le bienfait qu'il apporte ni reconnaître l'autorité qui doit lui revenir. Il pourra mourir pauvre et méconnu ou violemment décrié, et n'acquérir qu'une autorité posthume ; mais c'est le cas également en politique, où tant de héros illustres ou obscurs donnèrent leur vie à l'idéal de liberté et d'égalité. La couronne du martyr n'est-elle pas un plus noble insigne d'autorité que celle du césar ? Et n'est-ce pas finalement aux héritiers du martyr que revient la conquête du césar ?

Dans la catégorie politique l'autorité est irresponsable, ce qui supprime le droit du gouverné et de l'administré. Celui qui la détient par élection n'est passible que d'une pénalité négative : le non-renouvellement de son mandat ; mais, loin d'exalter en lui la notion du devoir civique, la crainte de cette sanction l'incite trop souvent à de honteuses bassesses démagogiques et se transforme en un actif ferment de décomposition du système démocratique (1).

On ne voit rien de tel dans les autres catégories, où seule la compétence donne l'autorité et où, s'il arrive qu'un individu soit destitué de sa maîtrise, c'est pour s'être laissé dépasser, au profit commun, par un émule devenu plus compétent que lui. Là, purement morale dans le domaine idéologique, il est vrai, mais fortement réaliste dans le domaine économique, l'autorité ne s'acquiert et ne se garde que par la valeur et l'utilité de celui qui l'exerce. Objectera-t-on que, dans la catégorie économique, le pouvoir est aux plus riches et non aux plus compétents?

1. Exemple, le garde des sceaux Lebret qui obtint du Parlement une loi qui dessaisissait de l'affaire Dreyfus la chambre criminelle de la Cour de cassation en disant aux députés: « Messieurs, regardez vos circonscriptions. »

Cela n'est vrai que dans une certaine mesure, et si le socialisme se fondait uniquement sur cette objection il n'aurait pas grand avenir. Les lois assurent bien la richesse aux descendants ou aux favoris de ceux qui la détiennent et l'ont acquise par des moyens plus ou moins justes et plus ou moins onéreux à l'ensemble de la société : mais si elle tombe en des mains incapables, elle se laissera aisément ravir par celles qui sauront la faire fructifier. A mesure que la science transforme les techniques industrielles, on voit le capital montrer pour les propriétaires paresseux l'horreur qu'on attribuait naguère à la nature pour le vide ; et c'est pour cela que le problème social est celui de la valeur technique et d'organisation de la classe ouvrière, qui ne conquerra la souveraineté économique qu'en se rendant apte à l'exercer.

Si donc l'on veut restaurer le principe d'autorité publique, il faut organiser la démocratie, expression de la catégorie politique des sociétés modernes, selon le mode des autres catégories, où l'autorité avec ses sanctions de responsabilité est fonction de division du travail. Et comme nous observons de plus que, dans ces catégories, l'association limitée à son objet est le moyen le plus parfait pour augmenter le rendement en diminuant l'effort en même temps que pour assurer la liberté réelle de l'individu, la solution du problème consiste : 1° à préciser et limiter la catégorie politique, afin qu'elle n'embrasse que l'essentiel de sa fonction propre de sécurité intérieure et extérieure ; 2° à développer l'esprit d'association politique, afin que chaque homme soit réellement un citoyen, en puisse exercer tous les droits et en veuille spontanément remplir tous les devoirs ; 3° enfin, à confier aux associations de catégorie, facteurs essentiels de solidarité générale, les fonctions économiques, esthétiques, idéologiques et morales que l'Etat assume imparfaitement ; et cela non par amputation, mais par intégration réciproque de l'Etat et des associations, c'est-à-dire par achèvement de la démocratie en sociocratie.

CHAPITRE V

FORMATION SPONTANÉE DE LA SOCIOCRATIE

I. — *Les Éléments actuels de la Sociocratie*

Tandis que la démocratie politique se pervertit et que l'esprit de liberté et d'égalité qui en est l'essence se décompose en licence et en favoritisme, une démocratie sociale se forme spontanément par contrats de liberté et d'égalité. Il ne s'agit pas ici des groupements socialistes ou de tendances fortement interventionnistes qui existent en France et ailleurs, mais des divers modes d'association par lesquels s'expriment les besoins et les sentiments de ce temps. Toutes les catégories de l'activité sociale sont en effet représentées par des associations, et chacun de ces groupes est une démocratie plus ou moins parfaite, à la mesure même des sentiments de liberté et d'égalité apportés par les individus qui le composent. Il semble que les associations aient eu jusqu'ici peu de part au gouvernement dans le régime issu de la Révolution française. L'Etat les a proscrites d'abord, puis tolérées en les traitant en suspectes : elles ont aujourd'hui une charte de droit commun dont seuls sont exceptés les syndicats professionnels, pourvus d'un statut particulier, et les congrégations religieuses, qui n'ont pas d'existence légale (1). En réalité, les associations ont toujours eu une part importante, quoique purement consultative et souvent occulte, au gouvernement de l'Etat et de la société. Sous la Restauration, c'est la congrégation qui gouverne l'Etat et, sous la monarchie de Juillet, nous voyons les chambres de commerce faire avorter le projet d'union douanière avec la Belgique.

Il n'en va pas autrement dans la démocratie actuelle. La lutte entre conservateurs et démocrates pour le pouvoir politique n'est pas seulement symbolisée par celle des congrégations,

---

1. A présent qu'il existe un droit commun des associations, le droit spécial des syndicats est une anomalie qu'on pourra faire disparaître en reconnaissant à toutes les associations les mêmes droits qu'aux syndicats. Quant aux congrégations, leur exclusion se motive par le statut d'inégalité, d'obéissance et d'indivision économique qui est leur règle commune. On pourrait supporter sans péril public leur existence de fait, quitte à ne reconnaître comme personnes juridiques jouissant en cette qualité du plein droit d'association que celles qui se donneraient un statut conforme aux principes de liberté et d'égalité qui sont ceux de l'association moderne.

milices actives de l'Eglise, et de la Franc-Maçonnerie : ces deux grandes associations contiennent
en réalité substantielle la plupart des éléments
actifs qui, sous des disciplines différentes,
essaient de faire prévaloir leur conception politique et sociale. Aussi les conservateurs déposs-
sédés du pouvoir sont-ils fondés à retourner
contre la Franc-Maçonnerie les mêmes accusa-
tions de gouvernement occulte que naguère les
libéraux et les démocrates lançaient contre
l'Eglise et ses congrégations (1). Que l'Eglise
désarme ses milices ou les emploie uniquement
à la conquête des esprits par les seuls moyens
spirituels et sans prétendre désormais au gouvernement de l'Etat ou à la direction temporelle,
et la Franc-Maçonnerie sera bien forcée de ramener son action à cet objet précis et limité : l'étude
et la propagande des principes de libre pensée.
Qu'enfin ces principes soient entrés assez avant
dans les esprits et surtout dans les mœurs, elle

1. En matière de gouvernement occulte, l'Eglise, institution
du passé, organisée pour le dressage et la discipline, est forcément
supérieure à la Franc-Maçonnerie, qui ne peut d'ailleurs employer
les mêmes moyens sans contredire son principe fondamental.
L'affaire des fiches destinées à renseigner le ministre de la guerre
sur le civisme des officiers a prouvé l'infériorité organique de la
Franc-Maçonnerie en ce point. Et c'est bien la marque de sa supé-
riorité morale qu'elle ait fait scandale par des pratiques que
l'Eglise peut se permettre sans choquer le sentiment public au
même degré.

n'aura plus alors d'objet et devra disparaître.

Mais, sans compter les associations, comités et ligues politiques qui, par opposition ou collaboration, influent sur la puissance publique ou même en exercent une part, et dont les congrégations et la Franc-Maçonnerie sont en quelque sorte l'expression synthétique, il est quantité d'associations de toute nature qui participent au gouvernement politique, économique, moral et social, soit au dedans, soit au dehors; à côté de l'État ou contre lui. La pénétration constante et croissante du domaine public par les associations a été constatée ailleurs (1); ce qu'il importe donc de remarquer ici, c'est que le développement démocratique de la nation, tout au moins dans la majorité de ses membres, coïncide nécessairement avec cette pénétration. Nulle association, en effet, ne peut se développer et acquérir une certaine importance sans contracter des caractères très nets d'institution publique et sans essayer de fonctionner comme telle. D'autre part, l'instrument démocratique étant à peu près achevé et tel quel ne suffisant pas à la vie sociale, il se conçoit que l'effort collectif se divise en spécialités selon les catégories mêmes de l'existence sociale: aussi, avant

1. *L'Individu, l'Association et l'État*, ch. V, pp. 211 à 250.

même que soit terminé le débat entre le conservatisme et la démocratie, voyons-nous la classe ouvrière s'exprimer par le socialisme, le syndicalisme et la coopération.

Parallèlement naissent et se développent des associations de toute catégorie, et il n'est pas jusqu'aux éléments les plus conservateurs de la nation qui ne travaillent à leur donner un caractère très accentué d'institutions publiques, même et surtout lorsqu'ils associent des pères de famille pour combattre l'école laïque. On ne peut que se réjouir de cet éveil de civisme et de contrôle public chez ceux qui furent inspirés jusqu'ici par l'esprit traditionnel de soumission : la démocratie leur rend ce service qu'ils ne peuvent la combattre qu'en s'y adaptant. Ainsi se transforme en eux une notion classique : celle des droits du père de famille. Il y a trente ans à peine, elle lui permettait de laisser ses enfants dans l'ignorance ; elle se borne aujourd'hui à contrôler l'enseignement qui leur est donné. Les générations croissantes ont tout à y gagner : ce contrôle pourra susciter quelques scandales, comme celui qui signala l'enseignement du professeur Thalamas refusant tout caractère surnaturel à la mission de Jeanne d'Arc ; en revanche, il empêchera la formation d'une doctrine d'État en histoire et en morale, en même temps qu'il élèvera les maîtres à la sérénité et à l'impartialité scientifiques. Ainsi le dogmatisme disparaîtra progressivement de l'école pour faire place à l'esprit d'examen, à l'esprit critique, sans rupture avec la tradition.

II. — *Les Associations et le Droit*

La part de puissance publique exercée déjà par les associations est purement consultative et officieuse, limitée de plus par un cadre juridique individualiste tracé à une époque où l'on ne pouvait concevoir d'autre pouvoir collectif que celui de l'Etat, toute association étant considérée comme une absorption de l'individu et un fractionnement de la communauté nationale. Seules de grandes institutions d'assistance et d'enseignement possèdent la personnalité juridique complète que confère la reconnaissance d'utilité publique, l'Etat ayant été forcé de la leur accorder faute d'avoir pu ou su remplir leur fonction nécessaire. Il est certain que la création du droit collectif rencontrera de grandes résistances tant que les associations ne grouperont qu'une minorité, une élite, dans les diverses catégories. C'est ainsi que le syndicat n'a pu encore obtenir des tribunaux le droit de repré-

senter les membres de la catégorie professionnelle qui ne sont pas syndiqués. Qu'il s'incorpore seulement la majorité, et l'on en viendra
vite à accepter qu'il ne stipule plus seulement
pour elle, mais pour tous les membres de la
profession considérés désormais comme ses
ressortissants naturels.

Mais déjà, tel qu'il est à l'état embryonnaire,
le syndicat est l'expression réelle, sinon juridique, de la collectivité pour ses ressortissants
naturels. Il y a là un état de fait qui, lorsqu'il
sera mieux connu, facilitera singulièrement le
progrès du droit collectif. Nombre d'ouvriers,
sans s'agréger au syndicat, le reconnaissent pour
le centre naturel de leur corporation et le tiennent pour l'organe de leurs besoins de défense
professionnelle. Sous le second Empire, dans
toutes les grandes villes et la plupart des centres industriels, la chambre syndicale ne se
composait que d'une douzaine ou deux de membres, sorte de bureau se recrutant par cooptation,
mais accepté par l'ensemble corporatif. C'est à
lui que venaient spontanément les réclamations,
c'est lui qui décidait la grève, et peu d'ouvriers
restaient sourds à ses mots d'ordre. Il en est
encore ainsi aujourd'hui, où nous voyons la
corporation la plus homogène au point de vue
de la défense professionnelle, celle des typogra-

phes, ne compter qu'une minorité de ses membres dans le syndicat.

Une autre cause de la résistance des esprits à l'idée du droit collectif réside dans le caractère de conformisme universel qu'un trop grand nombre d'associations ont conservé et qui les porte à s'annexer les individus tout entiers et non uniquement pour l'objet propre qui les réunit. De telles associations ont à la fois une grande activité belliqueuse et de très faibles effectifs. Elles sont plutôt des avant-gardes, voire des enfants perdus, qu'un noyau d'armée autour duquel, en temps de guerre, s'assemblent les réserves que le pied de paix laisse en leur logis. Il y a entre ces groupes et la masse un tel écart de sentiments, de pensées et d'aspirations que très souvent elle demeure sourde au clairon qui l'appelle à la bataille. Donner à de telles associations, fussent-elles l'unique expression de leur catégorie, un droit collectif étendu à tous les membres non agrégés, ne serait-ce pas soustraire ceux-ci au droit commun individualiste, insuffisant et précaire pour les placer sous l'arbitraire d'une minorité qui, par son universalité de buts, ne sert qu'au minimum les intérêts de la catégorie ?

En fait, les isolés passifs et grégaires de la masse inorganisée n'échappent pas plus à l'ar-

bitraire des forces extérieures qu'à leur propre
arbitraire intérieur, celui-ci toujours dominé et
violenté par celui-là. Les laisser sous le régime
du droit individualiste, c'est les abandonner
sans défense à l'arbitraire de ceux qui détiennent leurs moyens de subsistance et sont intéressés à limiter au minimum ces moyens et
même leur liberté sociale. Les placer au contraire sous le régime du droit collectif exercé
par un syndicat auquel leur inertie organique
les empêche de s'agréger, c'est bien les soumettre à l'arbitraire d'une minorité ; mais fût-il
subsidiaire et même perdu dans un vaste rêve
de transfiguration sociale, l'objet du syndicat est
d'obtenir le plus d'avantages économiques, non
pour ses membres seulement, mais pour toute
la corporation, et il ne peut se dérober aux obligations immédiates que lui crée cet objet. Arbitraire pour arbitraire, et ne pouvant échapper à
l'un que pour subir l'autre, les isolés sont moins
desservis par celui de leurs pairs que par celui
de leurs maîtres. Car si quelque chose peut éveil-
ler en eux des sentiments d'individualisme, de
critique, d'activité publique, de collaboration,
de solidarité, bref les faire participer à la vie
sociale d'une manière consciente et délibérée,
c'est bien ce groupe actif travaillant en leur nom
et pour leur bien, même quand il froisse leurs

sentiments ou bouscule leurs habitudes. Aussi se conçoit-il que certains esprits se prononcent pour le syndicat obligatoire et s'efforcent d'y incorporer indirectement les salariés en proposant que le syndicat soit le représentant juridique de la profession tout entière, même lorsqu'il n'en groupe qu'une infime minorité. On ne peut que leur donner raison, mais à la double condition : 1° que le droit collectif soit accordé à plusieurs syndicats d'une profession lorsqu'ils n'ont pu se réduire à l'unité ou se fédérer ; 2° que seront seules valables et engageant tous les membres de la profession les décisions prises à la majorité des syndicats et des syndiqués, qui se rapporteront directement à l'exercice de la faculté syndicale, c'est-à-dire la gestion et la défense des intérêts professionnels.

Au demeurant, la part d'autorité publique exercée par les associations sur leurs catégories respectives et sur l'ensemble de la nation sera toujours à la mesure de ces deux coefficients : leur importance numérique dans la catégorie, et l'évidence des services rendus à la catégorie et à l'ensemble social. S'il en était autrement, la sociocratie ne serait pas une démocratie sociale, mais le gouvernement de la masse inerte par une aristocratie d'associations plus ou moins démocratiquement organisées. Et c'est parce qu'il en est encore ainsi, dans l'actuelle période chaotique de leur croissance et influence inégales, que tout fermente et semble se corrompre dans le gouvernement démocratique. N'ayons crainte : c'est de la décomposition que naît la vie.

III. — *L'Esprit civique et l'Esprit d'association*

Les défauts de l'esprit d'association sont indéniables. En soi, il est fondamentalement anticivique et même antisocial. On en peut dire, comme de l'amour, qu'il est un égoïsme à plusieurs ; mais cet égoïsme-là est déjà de l'altruisme au premier degré, base solide de socialité générale. Dans les associations les plus conformes au principe de la division du travail, donc les plus limitées à leur objet et n'engageant que sur cet objet leurs membres laissés ainsi libres d'exercer à leur gré les autres modes de leur activité, l'individu collectif est irrésistiblement porté à considérer toutes choses sous l'angle de sa préoccupation dominante et à les tenir pour les moyens de sa propre réalisation. C'est ainsi que, dans nos armées de métier, chaque arme croyait à sa propre excellence entre toutes et que de véritables haines collectives mettaient fréquemment aux prises cavaliers et fantassins. Certains chefs entretenaient cet esprit de corps en punissant ceux de leurs hommes qui avaient eu le dessous dans ces rixes de cabaret. La fidélité aux « devoirs » rivaux du compagnonnage était également entretenue par un esprit de corps qui transformait, dans leurs rencontres sur le tour de France, les outils des Gavots et des Dévorants en armes meurtrières. L'armée pouvait bénéficier de cette exaltation de l'esprit de corps; mais les conflits qu'il suscitait entre les compagnons tournaient déjà moins au profit de la corporation, et point du tout à celui de la classe ouvrière prise en masse.

Dans l'ancienne armée, le soldat était voué à son métier comme le prêtre à l'autel. Il était soldat de la tête aux pieds, soldat de corps et d'âme jusqu'à l'éclopement ou aux infirmités qui le rejetaient du rang. En regard, malgré son caractère de groupe fermé et sa répugnance au recrutement des profanes, malgré les serments qui vouaient tout entier l'affilié à son « devoir », le compagnonnage ne pouvait faire que ce compagnon ne fût un père de famille et qu'il ne se sentît un citoyen dans les grandes convulsions politiques. Aussi, ce qui eût dû en apparence conserver toute sa force à ce groupement ouvrier

primitif fut une des grandes causes de son affaiblissement progressif et de sa presque totale
disparition devant les syndicats. Dans ces formations nouvelles, à la fois plus ouvertes et
moins autoritaires, l'esprit de corporation se
substitue d'abord à celui du fragment de corporation enfermé dans le « devoir », puis s'élargit jusqu'à l'incomparablement plus grande et
plus efficace notion de l'esprit de classe, par
laquelle tous les travailleurs entrent en solidarité pratique contre tout ce qui s'oppose à leur
expansion organique en tant que producteurs.
Certes, l'esprit de classe sociale, comme de
toute autre catégorie, politique ou religieuse,
morale ou esthétique, voire récréative, semble
s'opposer directement à la formation d'un esprit
civique ou même social, et s'y oppose en effet
sur bien des points. Ce n'est cependant que sur
cet esprit d'association dans la catégorie que
peut se fonder l'esprit civique et social dans une
société dont chaque membre tend de plus en
plus à échapper aux impératifs de la tradition
et de la religion, et ne consent à pousser la socialité jusqu'au sacrifice que par motifs délibérés.

Il faut donc considérer l'association comme
un degré primaire de socialité générale qui utilise d'abord au profit de la catégorie tout ce qui
demeure de grégaire en l'individu. Dans l'asso

ciation fermée, conformiste et autoritaire du
passé, l'individu agrégé demeurait à ce degré primaire : elle était pour lui comme la famille, le
clan ou la tribu pour les membres de ces groupes naturels, et il s'opposait à tout ce qu'elle ne
contenait pas. Dans le groupe relativement
ouvert, limité à son objet et régi par un statut
démocratique, qui est le type dont se rappro-
chent incessamment les associations actuelles,
et par le caractère fédératif qui va jusqu'à inter-
nationaliser toute catégorie, l'individu peut
s'élever à l'esprit civique dans la nation et même
social dans l'humanité. Il arrive même déjà
aujourd'hui qu'emporté par son élan vers la
socialité générale et absolue, il dédaigne l'esprit
civique et étende son cosmopolitisme de catégorie aux limites de l'univers. C'est le cas du syndicalisme révolutionnaire qui, enfermé dans le
fragment de catégorie économique auquel il
veut subordonner ou incorporer toutes les catégories sociales, prétend supprimer les frontières
politiques, ethniques, linguistiques, historiques
et traditionnelles, en un mot violenter la nature
par un acte de simple volonté (1).

1. En même temps, par une de ces contradictions que peut
seule expliquer la nouvelle modalité de l'exaltation mystique qui
ramène du ciel à la terre l'antique volonté de conquête du paradis, le syndicalisme révolutionnaire a refusé longtemps de se

Mais comment l'association fera-t-elle passer l'individu qu'elle s'agrège du degré primaire au degré supérieur et de l'esprit de corps du groupe ou de la catégorie à l'esprit civique et social ? En acquérant par contact forcé une vue plus exacte de l'ensemble national et social et en y prenant place de la manière la plus favorable à son propre développement. Le régime fédératif de catégorie y est précisément propice, car la catégorie ne peut atteindre les limites que sa nature même lui assigne sans entrer en contact avec les autres catégories également exprimées en associations étendues à leurs limites par leur fédération. Car si l'association n'est pas une force naturelle, élémentaire, et si elle est un composé d'individus plus ou moins pensants, elle n'en obéit pas moins aux lois mécaniques de tout développement et chacune de ses catégories trouve sa limite dans celles des autres.

Or, en nous replaçant à présent sur le plan individuel et en observant comment, dans ses

fédérer avec les autres groupements nationaux de syndicats parce qu'ils n'adoptaient ni son idéal, ni, surtout, ses moyens. Sans la pression du syndicalisme réformiste, il en serait encore à se dérober à l'internationalisme sur le plan syndical, qui n'est lui-même qu'une partie de la catégorie économique. Jamais le divorce du mot et de la chose n'est apparu d'une manière plus flagrante et plus instructive.

actes de relations se comporte l'homme social —
et il n'en est pas d'autre concevable, — nous
le verrons multiplier ses contacts avec le monde
extérieur à la mesure même de son degré de
civilisation. Pour le primitif, ces contacts sont
limités aux membres de la tribu ou de la famille, en dehors desquels tout humain lui est
étranger et ennemi. Afin de réduire au minimum ces contacts extérieurs hostiles, la tribu
consent à s'accorder avec ses voisines sur un
point unique : l'établissement d'une zone neutre
entre leurs territoires respectifs. Dans la batail-
leuse période féodale, ces zones neutres deviennent les « marches », que défendent les comtes
de frontière, les margraves (1). L'individu a
bien ses frontières naturelles, comme la nation
dont il est. Mais, comme la nation, son existence élargie par des relations multiples l'as-
treint à de multiples contacts qui s'expriment
par conflits et par accords. Il traite avec les
individus qui produisent ce dont il a besoin,
leur donnant en échange les produits de son
activité, et combat quiconque lui fait concurrence ou veut le frustrer dans le contrat d'é-
change. Ces actions et réactions, ces interpéné-

1. V. Guillaume De Greef. *La Structure générale des Sociétés*
notamment les chapitres I à VI inclus du tome II (*Théorie des
Frontières et des Classes*).

trations et ces contrats sont la trame même de
la vie de relation pour tout individu civilisé, et,
encore une fois, leur nombre et leur intensité
se mesurent à son degré de civilisation. Plus ce
degré est élevé et moins l'individu connaît de
zones neutres.

L'association de catégorie ne se soustrait pas
tout d'abord aux lois qui régissent ces actions
et réactions individuelles, élevées seulement
par elle au plan collectif; mais elle acquiert un
sens plus exact du motif d'action le meilleur, en
même temps qu'elle se procure plus facilement
les moyens d'agir selon ce motif. Elle y par-
vient d'autant plus rapidement et sûrement que,
se limitant davantage à son objet, elle renonce
à être un individu collectif pour se faire l'instrument collectif de l'individu sous la loi de la
division du travail et des fonctions, alors que
l'individu agissant isolément a tant de peine à
exercer sans confusion et avec méthode les divers modes de son activité de relation. Aussi,
dans une société d'individus isolés, beaucoup
de forces sont gaspillées et des quantités de faibles sacrifiés aux forts, sans que ceux-ci en
soient plus heureux. Au contraire, dès que l'association surgit, on voit les conflits inutiles, les
querelles oiseuses, les vues fausses de la réalité,
les mirages du point d'honneur et les vains éta-

lages de la force inutile céder le pas aux seuls
conflits irréductibles, aux oppositions organiques qui ne peuvent cesser que par la disparition de l'ennemi ou son incorporation. Et c'est
toujours cela de gagné. Ce gain équivaut à celui
que, sur le même terrain, les populations civi-
lisées ont déjà réalisé au regard des populations
primitives.

Il faut ajouter que la lutte éclairée par l'association ne se dépouille pas seulement de tout
ce qu'elle a d'inutile et de sottement gâcheur
dans la mêlée des individus ou des agrégations
primaires, mais qu'encore elle s'exerce sur un
champ précis et limité. La passion de prosélytisme religieux ou de vengeance politique ne
peut plus dès lors empiéter autant sur le domaine économique et ruiner ou affamer les
incroyants et les dissidents ; et réciproquement
les groupes de la catégorie économique sont
progressivement contraints de renoncer aux
moyens de contrainte politique et religieuse
contre ceux qui leur résistent.

IV. — *La Lutte, moteur social nécessaire*

En proposant d'employer l'association à l'achèvement de la démocratie, c'est-à-dire de systématiser les concours collectifs de catégorie dans
la surveillance et l'administration de la chose

publique, l'auteur de ce petit travail ne se flatte pas de construire la société parfaite. Avant de construire une telle société, il faudrait créer des hommes parfaits pour l'habiter et la maintenir en perfection : et c'est alors eux-mêmes qui la construiraient. Il n'est d'ailleurs pas question ici de construire une société quelconque. La science sociale a heureusement perdu depuis longtemps l'illusion de pouvoir conseiller autre chose que la meilleure organisation et utilisation des éléments légués par le passé au présent. Tout au plus son légitime acquiescement au principe du développement progressif des sociétés humaines lui permet-elle de proposer la généralisation des expériences spontanées entreprises par les individus et les groupes les plus évolués de notre commune civilisation. Elle se garde donc également de prophétiser selon les lois d'un déterminisme social purement mécanique, tout entier enfermé dans la catégorie économique ou dominé par elle, ultime transformation du fatalisme optimiste tant et si justement reproché par les socialistes et les interventionnistes du siècle dernier aux théoriciens du laissez-faire et de l'harmonie finale établie par le jeu arbitraire des forces économiques.

Il est acquis d'observation constante que l'existence et le développement des sociétés hu-

maines, tout comme les espèces animales et
peut-être plus qu'elles, sont conditionnées par
la lutte et la coopération. Ce qui fait de la société
humaine quelque chose de plus que les espèces
animales ou les groupes de végétaux dont le
vent disperse les semences, c'est sa faculté d'utiliser, en les réglementant, la lutte et la coopération, grâce aux expériences enregistrées par
l'histoire sociale, au lieu d'en être à la fois le
terrain et le jouet passif comme le sont les
espèces animales et surtout végétales. Mais
quant à ce qui est de se flatter que la coopération fera disparaître la lutte, c'est se bercer d'un
rêve du bon vieux temps. La science ne rêve
pas : elle observe, elle scrute, elle analyse, elle
classe et coordonne, fût-ce provisoirement, les
phénomènes et offre ainsi des matériaux éprou-
vés à ceux qui veulent non pas reconstruire la
société, mais orienter ses institutions vers un
état de sociabilité toujours accrue dans un individualisme en continuel développement. Cette
socialisation et cette individualisation parallèles
sont dans le sens même de l'histoire sociale à
travers les siècles ; elles expriment encore aujourd'hui, et aujourd'hui plus que jamais, la
nécessité des choses et la tendance des individus, la complexité sociale et la division du travail, l'interpénétration et l'interdépendance d'où

surgissent les conflits et les contrats, donc une
socialisation et une individualisation mutuelle-
ment conditionnées et qui ne sont contradictoires
que pour les esprits unilatéraux ou mystiques.
Les premiers ne conçoivent de la société et de
son développement que ce que leurs œillères
intellectuelles leur en ont laissé voir, et les seconds ne l'aperçoivent qu'à travers les nuées de
leur rêve intérieur. Ni les uns ni les autres n'en
peuvent avoir une idée d'ensemble qui corres-
ponde à la réalité.

La lutte étant un moteur social aussi nécessaire que la coopération, il ne s'agit donc pas
d'en désirer la fin, mais d'utiliser mieux un facteur de développement, de le rendre à la fois
plus actif et plus économe de richesses et d'existences qu'il ne l'a été jusqu'à présent. Certes,
il est très bon pour nos contemporains que les
métiers mécaniques aient remplacé les outils
imparfaits et surtout lents des artisans d'autrefois, très bon aussi que cent millions d'Européens peuplent aujourd'hui les immenses territoires de l'Amérique du Nord : mais cela a été très
mauvais pour les industriels et les Indiens du
siècle dernier, éliminés les uns par la concurrence et les autres par le fusil. L'ère des exter-
minations économiques et ethniques n'est pas
encore close ; nous voyons déjà cependant la

lutte prendre d'autres caractères et donner ses effets socialement utiles à un prix moins onéreux, non que les combattants se soient d'eux-mêmes modérés et humanisés, mais par une intervention sociale de plus en plus active pour la limitation des conflits de toute nature.

Le régime des associations ne fait pas cesser la lutte, mais l'emploie aux fins sociales d'une manière plus éclairée et plus réfléchie, tout en la dépouillant automatiquement, pourrait-on dire, de ce qu'elle contient encore d'inique et de cruel. Nous en avons une preuve dans le développement progressif du droit international public et privé, à mesure que, par leur marche vers l'état démocratique, les peuples deviennent de véritables associations nationales. Il en est de même dans le domaine plus complexe des associations de catégorie où, d'ailleurs, sauf pour la catégorie économique, la lutte tend beaucoup plus à incorporer qu'à subordonner : lorsque la conquête par prosélytisme menace des intérêts généraux ou même simplement de catégorie, lorsque, par exemple, la Ligue contre la licence des rues, dans son très louable zèle moralisateur, dépasse son but et met en péril la libre expansion de l'art, la puissance publique sait discerner les artistes des pornographes. Et si elle confond dans d'aveugles répressions les

uns et les autres, les avertissements de l'opinion
et les plaintes des associations d'art la ramè-
nent à plus d'équité ; et finalement seuls sont
lésés les individus dont la malsaine industrie n'a
aucun rapport avec les glorieuses réalisations
de la beauté (1).

La fin de la lutte serait celle de toute coopération, le signal même de la dissociation
humaine, ou plutôt, toute coopération cessant,
le retour aux formes primitives et violentes de
la lutte exercée par une minorité de forts et
de violents contre l'immense troupeau humain
revenu à l'inertie et à la passivité. La lutte est
dans la société, dans la catégorie, dans le
groupe et dans l'individu lui-même. Tout débat,
toute délibération sur le meilleur motif ou moyen
d'action est une lutte, où la minorité le cède à la
majorité. Celle-ci peut se décider pour des
motifs et agir par des moyens qui ne sont pas
les meilleurs ; mais à cela il n'y a d'autre
remède que la culture individuelle et collective,
et c'est une affaire de temps. Bien souvent, trop
souvent, le sentiment l'emporte sur la raison et
l'inconscient sur le conscient. Il en sera sans
doute toujours ainsi, avec cependant une ap-

1. Autrefois, la puissance publique, guidée par l'Eglise, assu-
mait seule la fonction de police morale, et l'on envoyait le poète
Jean Richepin faire en prison son stage académique.

proximation constante des moyens employés au but poursuivi, et les minorités qui ont raison auront toujours le tort d'avoir raison trop tôt. Mais qui ne voit que cet effort continu auquel elles sont condamnées, ce combat qu'elles auront toujours à livrer contre les majorités compactes est autant un honneur pour elles qu'un bienfait pour la société ? Et qui donc, sentant s'agiter en lui la vérité, hésiterait à prendre rang parmi ces vaincus provisoires ! Qui donc, éclairé par un idéal supérieur, se résignerait à en détourner ses regards par un paresseux besoin d'harmonie avec la masse attardée ! Il faudrait pour cela que l'instinct de la sociabilité fût aboli en lui. Car c'est par sociabilité qu'isolément ou en groupe les minorités luttent contre la majorité pour la soumettre non à leur domination, mais à l'évidence par eux aperçue.

V. — *La Lutte dans la Catégorie économique*

En économie, l'association résout la lutte individuelle en coopération, sans pour cela la faire disparaître. La concurrence, qui est la forme la plus générale de la lutte économique, demeure dans toutes les modalités et à tous les degrés de l'association. Les exploitants d'une branche de production fusionnent-ils leurs entreprises particulières en un trust sous les ordres d'un grand capitaine d'industrie, ou bien, conservant la direction de leurs établissements respectifs, organisent-ils un cartel pour limiter leur production et demeurer maîtres des prix ? Ils n'en auront pas moins à poursuivre la lutte contre ceux qu'ils ont écartés, trouvant plus profitable de les ruiner, comme cela se voit pour les trusts, ou qui ont refusé de s'agréger, comme il arrive pour les cartels. L'hégémonie mondiale ne pouvant jamais être conquise par un trust, et encore moins par un cartel, sinon accidentellement et pour un temps relativement court, la concurrence industrielle et commerciale, plus ou moins étendue et plus ou moins réglementée, durera sans doute autant que le régime capitaliste lui-même. Remarquons, de surcroît, qu'à moins d'être doublé d'un comptoir de vente qui centralise les commandes de la clientèle et les répartit entre les établissements affiliés au prorata de leur capacité productive, le cartel laisse subsister entre eux un minimum de concurrence, fort appréciable tout de même.

Mais trusts et cartels n'ont pas de rapports de lutte qu'avec les isolés dédaignés ou réfractaires. Ils en ont encore, qui ne revêtent pas le caractère de concurrence directe, avec les orga-

nismes de production, de circulation et de crédit qui prétendent tirer de leurs produits ou de
leurs services le prix le plus élevé. On sait que
le trust, quand il le peut, met fin à cette forme de
la lutte en s'agrégeant les industries extractives
et les entreprises de transport, le plus souvent
par des procédés qui scandalisent les économistes les plus attachés à l'amorale doctrine du
laissez-faire. C'est encore là une des formes de
la lutte économique qui ne pourra finir qu'avec
le régime capitaliste. On peut en dire autant de
celle que les agrégations de producteurs sou-
tiennent actuellement contre les consommateurs,
lutte victorieuse dans laquelle ces derniers,
notamment aux Etats Unis, sont contraints
d'appeler la puissance des lois à leur secours.

Mais, dans ces formes nouvelles, la lutte économique ne se livre plus à l'aveugle sous l'arbitraire individuel de chaque chef d'entreprise.
A mesure qu'elle s'élève du plan individuel au
plan collectif, elle acquiert des caractères d'universalité, on pourrait dire de socialité rudimentaire, on ne peut plus propres à rendre finalement l'homme maître des forces économiques
qu'il a achevé de déchaîner il y a un siècle et
qu'il semblait ne pouvoir dominer désormais
qu'au prix d'une catastrophe sociale, selon la
prédiction de Karl Marx. Le trust lui-même

étant une association centralisée, de même que le cartel en est une de caractère fédératif, la catastrophe devient en effet plus improbable à mesure que l'organisation des forces économiques sur de vastes plans et par association de ceux qui les détiennent se perfectionne et tend à sa limite, qui est la connaissance et la domination du marché tout entier. On va ainsi vers une constante approximation des produits aux besoins, à mesure que ceux-ci sont mieux connus dans leur nature comme dans leur étendue.

Si toutes les données du problème étaient contenues dans l'énumération faite plus haut, on irait aussi vers une constante subordination des non-capitalistes aux capitalistes et des salariés aux chefs d'entreprises. Mais, du fait même que la catégorie économique comprend au moins deux classes aux intérêts directement opposés sur le partage de la plus-value en profits et en salaires, les concurrences et les luttes que nous avons mentionnées se trouvent à la fois compliquées et de plus en plus dominées par la croissante organisation de la classe ouvrière pour la défense du salaire d'abord, et ensuite pour se libérer de toute exploitation économique et de toute subordination sociale. Entrée dans l'État par l'institution démocratique, la classe ouvrière tend à la conquête des forces économiques que détient la classe capitaliste par l'Etat lui-même et par l'action directe, employant à ses fins l'association sous cette triple forme : le parti politique, le syndicat et la coopérative.

Mais les formations de combat de la classe ouvrière contre les puissances économiques et sociales qui s'opposent à son expansion ne sont pas beaucoup plus simples que celles de la classe opposée. Si celle-ci voit surgir de l'association même de nouvelles modalités de la lutte et de la concurrence, la classe ouvrière a, elle aussi, des luttes intérieures à soutenir : lutte entre syndiqués et isolés, entre travailleurs qualifiés et manœuvres, entre indigènes et immigrants, etc. Nous avons vu dans un chapitre précédent que ces oppositions sont compliquées par de nécessaires solidarités entre exploitants et salariés pour la défense de leur commun moyen de subsistance ; elles limitent donc singulièrement la lutte de classes, même sur l'unique terrain économique (1).

Bien plus : dans les formations mêmes de la classe ouvrière organisée, la lutte apparaît sous de nouveaux aspects, suscitée par le caractère même de ces formations. Il n'est pas seulement question ici de la lutte pour la meilleure direc-

1. V. chap. II, § 3, pp. 40 à 44.

tion à donner aux travailleurs vers la conquête
de la souveraineté économique ; nous savons
que ce conflit entre les syndicats et les groupes
socialistes provient d'une méconnaissance complète de la loi de division du travail. Cette lutte a
d'ailleurs cessé partout où chacun de ces organes s'est limité à sa fonction, chaque travailleur divisant sa propre activité extérieure pour
demander au parti socialiste les moyens juridiques et au syndicat les moyens économiques de
son émancipation sociale. De nombreux symptômes annoncent la fin de cette lutte en France,
sous la dure leçon des événements. Il faut cependant noter qu'elle ne se fût pas produite,
non plus que celle des syndiqués et des isolés,
si les travailleurs n'avaient pas recouru à l'association pour la lutte contre le système capitaliste. La lutte extérieure par collectivités a
donc, ici, engendré la lutte intérieure dans la
collectivité la plus homogène de toutes celles
que contient la catégorie économique, la collectivité ouvrière.

Mais la caractéristique la plus saisissante des
luttes intérieures suscitées par l'association, qui
sans elle n'eussent pu se produire, nous est
fournie par les conflits qui surgissent entre syndicats et coopératives de consommation à mesure que celles-ci croissent en importance.

Même, en effet, lorsque l'association coopérative se borne à répartir entre ses membres les
marchandises et denrées achetées aux fabricants
et négociants, il lui faut employer des salariés
aux tâches de manutention et de distribution.
Or, ces salariés ont un intérêt distinct de celui
des coopérateurs, fussent-ils pour leur propre
consommation membres et bénéficiaires de la
coopérative qui les emploie. Lorsque la coopérative entreprend de produire pour son propre
compte les objets à répartir, son personnel
d'employés se double d'un personnel d'ouvriers,
et les risques de conflit s'accroissent d'autant
entre les coopérateurs et leurs salariés. Ceux-ci
forment alors des syndicats distincts ou recou-
rent au syndicat de leur profession, et, si les
oppositions d'intérêts peuvent se résoudre par
des contrats collectifs, il n'en demeure pas
moins qu'elles donnent lieu à des luttes (1).

On le voit : la lutte est partout, et si l'association la modifie, elle en suscite, mais sur le
plan collectif et en pleine lumière, de nouvelles
formes dans la catégorie, dans la classe et entre
les groupes de classe les plus homogènes en
même temps que les plus obéissants à la loi de

1. V. dans la *Revue Socialiste* de janvier 1909 l'article de
C. MURSCHLER sur les coopératives et l'organisation socialiste du
travail.

division du travail. A travers ces conflits inter-
calés les uns dans les autres, les trois formations
principales de la classe ouvrière n'en poursuivent pas moins, en même temps que leur propre achèvement, leur entreprise de conquête du
domaine économique. Parallèlement, à travers
leurs luttes et concurrences, les maîtres de ce
domaine acquièrent une croissante homogénéité
de résistance à ce mouvement de conquête ; et
il est certain que si, par la démocratie, la classe
assaillante n'était pas armée de l'Etat, et si elle
n'avait pas ainsi le pouvoir de modifier un statut
juridique qui est le plus solide fondement de la
domination propriétaire et capitaliste, il y aurait
encore de beaux et longs jours pour la bourgeoisie possédante.

VI. — *Le rôle de l'Etat dans la Lutte*

Par la démocratie, l'Etat est à la fois un régu-
lateur et un facteur de la lutte. Bien avant que
la démocratie s'en fût emparée, il remplissait
déjà ces deux fonctions. En même temps en
effet que, par la royauté capétienne, il arrachait
aux grands corps collectifs les parts de la puissance publique dont ils s'étaient emparées ou
qu'ils avaient créées, il intervenait dans leurs

conflits extérieurs et intérieurs, substituant à mesure ses lois à leur arbitraire extérieur et à leur réglementation intérieure. C'est même sur cet interventionnisme de l'Etat d'ancien régime que les publicistes de l'école libérale, qui compte en France ses derniers représentants attardés, se sont fondés pour accuser l'interventionnisme moderne de n'être qu'un retour aux contraintes économiques d'autrefois. En dépit de l'inspiration démocratique de l'interventionnisme moderne, cette allégation pourrait à la rigueur se soutenir s'il portait sur les mêmes objets que celui d'ancien régime, qui était fiscal beaucoup plus que d'ordre public, surtout dans les derniers temps de la monarchie. Et lorsqu'il réglementait pour l'ordre public ou dans l'intérêt d'une branche importante de la production, la classe salariée n'était qu'exceptionnellement, et presque toujours indirectement, favorisée par lui. C'est donc à titre très légitime que la Révolution a mis fin à cet interventionnisme, dont nous trouvons encore des restes importants dans notre système douanier et dans nos primes à certaines branches de production.

L'interventionnisme moderne est né de sentiments tout autres et sous la pression de nécessités d'ordre public et d'idées sociales dont l'ancien régime avait à peine le soupçon. Il s'est développé, dans toute l'Europe industrialisée, sous la menace extérieure ou sous la pression intérieure d'un prolétariat sans cesse grandissant en nombre, en homogénéité et en force. Et il est si vrai que cet interventionnisme est un produit du développement de la démocratie et des sentiments directeurs nouveaux dont elle s'inspire, qu'on le voit s'arrêter de lui-même ou montrer son impuissance devant les formes les plus primitives de la production, devant les ateliers de famille, les échoppes d'artisans, les exploitations rurales, les boutiques du menu commerce d'alimentation, où les longues journées à bas salaires dans les plus douloureuses conditions d'hygiène et de sécurité sont encore la norme et reproduisent assez exactement les conditions générales de la classe ouvrière au temps de l'interventionnisme d'ancien régime. Dans son inhumanité organique, il oubliait la masse des salariés, sauf pour réprimer durement les refus concertés de travail, considérés comme des actes de rébellion. L'interventionnisme moderne, au contraire, a commencé par s'occuper du sort des enfants et des femmes enfermés dans les manufactures, et cela le distingue radicalement de l'ancien. Procédant selon son principe organique d'humanité, il s'étend progressivement aux centres de travail que leur

petitesse et leur dispersion soustrayaient plus
facilement à ses protections ; et voici qu'enfin il
a pénétré en Australie jusque dans l'atelier de
famille et libéré les misérables serfs de la fabri-
que dispersée de leur arbitraire intérieur, qui
n'est que leur propre faim sous l'arbitraire de
l'employeur.

D'autre part, le progrès économique et les
organes nouveaux qu'il a suscités, y compris les
associations de biens et de personnes, appellent
de plus en plus l'intervention de l'Etat dans des
rapports ou des conflits qui n'affectent pas seulement l'ordre public, mais compromettent
l'existence sociale elle-même. L'Etat ne peut
assister impassible à des actions et réactions
collectives répercutées sur les points les plus
reculés de l'activité économique et sociale. C'est
ainsi que, dans de grandes crises financières, il
soutiendra les banques de son crédit ; que,
devant un trust menaçant de trop rançon-
ner les consommateurs, il légiférera pour limiter
ses entreprises : que, dans le cas d'une grève de
mineurs arrêtant la marche des nombreuses
industries qui s'alimentent de charbon, il ten-
tera de faire accepter son arbitrage en attendant que, comme en Nouvelle-Zélande, il
l'impose.

Il est à croire et à espérer que le développe-

ment de l'action syndicale ouvrière diminuera
l'activité interventionniste de l'État, mais c'est
un espoir à longue échéance. Avant de songer
à le réaliser, les syndicats devront seconder
plus activement qu'ils ne l'ont fait jusqu'ici
l'application des lois ouvrières. Quand on en
sera là, quand la fonction d'inspection du travail aura passé tout entière des agents de l'État
à ceux du syndicat et que les infractions aux
lois protectrices seront devenues impossibles,
ces lois pourront disparaître, comme disparaît
l'échafaudage quand l'édifice est achevé. Il faut
souhaiter que l'activité syndicale grandisse
assez vite pour qu'il en soit ainsi le plus tôt
possible : d'abord parce que de ce moment
datera vraiment la maturité de la classe ouvrière
et son aptitude au gouvernement de ses propres destins ; ensuite parce qu'elle dépouillera
l'État d'une fonction de police sociale, nécessaire aujourd'hui, mais dont la nécessité même
souligne le caractère de minorité qui est encore
celui du prolétariat.

L'activité des travailleurs organisés dans les
deux catégories politique et économique pourra
dès lors être mieux employée, et d'une manière
moins confuse : ils demanderont aux syndicats
l'action directe contre les forces économiques
qui leur font obstacle, et au parti socialiste

d'annexer à l'État les grands organes de production, de circulation et de crédit dont les capitalistes se font un puissant moyen de domination économique et sociale. Et, en même temps qu'ils pousseront ainsi l'État dans cette voie de socialisation croissante, ils agiront de toutes leurs forces syndicales et civiques concertées pour remettre la gestion des services publics et des industries d'État aux associations professionnelles. Mais une telle conquête ne pourra être entreprise et conduite à plein achèvement qu'autant que, par les associations de catégorie, l'esprit civique aura pénétré les masses de la nation et que, par elles également, la nation sera devenue capable d'exercer son contrôle sur la gestion d'un domaine public en accroissement continu.

CHAPITRE VI

LA DÉMOCRATIE SOCIALE RÉALISÉE
PAR LA SOCIOCRATIE

I. — *Observations préliminaires*

Les chapitres qui précèdent ont démontré que la démocratie primaire est incapable de réaliser la souveraineté collective, même en sacrifiant l'individu, et que des forces collectives nouvelles ont surgi pour donner aux individus les moyens de se réaliser. Il reste maintenant à résoudre l'opposition qui existe entre la démocratie, association civique unitaire fondée sur un individualisme incomplètement réalisé, et les associations diverses, nées de besoins sociaux et même purement civiques que ne pouvait satisfaire l'organisation simple de la démocratie politique, qui semblent ne se dresser entre l'individu et la société que pour se les subordonner l'un et l'autre. On ne peut contester qu'en l'état présent les rapports de conflit l'emportent sur les rapports de collaboration dans les inévitables contacts de ces collectivités particlles avec le mécanisme qui représente la collectivité totale. Certainement, par leur diversité même autant que par leur nature organique et leur tendance nécessaire, les associations constituent une démocratie sociale sur le plan de la division du travail, mais seulement en puissance et à l'état d'éléments tendant à se coordonner. Elles ne s'opposent donc pas fondamentalement à la démocratie, mais aux formes encore primitives et barbares qu'elles a conservées, et c'est à l'en dépouiller qu'elles travaillent.

Ce travail est-il conscient, systématique et méthodique? Non. Chaque association travaille pour elle-même, pour la catégorie qu'elle exprime. Pratiquant un interventionnisme à rebours, elle entend agir sur l'État, le pénétrer, le dominer, au besoin le faire disparaître, et elle ne l'appelle jamais à son aide que pour tirer de lui quelque profit au détriment de la collectivité nationale. Elle ne trouve de limites à cette action anticivique et antisociale que dans les actions opposées d'une autre association poursuivant des fins différentes d'un égoïsme collectif égal, ou dans les réactions désordonnées et intermittentes d'une puissance publique par elle désorganisée et affaiblie, ou encore dans la disproportion de ses moyens et de son but. On ne peut donc pas s'en remettre à la diversité et à l'opposition organiques des associations de catégorie, non plus qu'à leur caractère essentiellement contractuel et démocratique, pour espérer que leur seul automatisme formera spontanément les cadres nouveaux de la démocratie.

La sociologie ne peut pas s'enfermer dans le finalisme optimiste dont nous voyons la science économique se libérer sous les leçons de l'expérience sociale. Ce serait restreindre singulièrement son rôle, d'autre part, et réduire à néant son utilité que de la borner à l'analyse, à la description et au classement des phénomènes sociaux. Ces phénomènes, en effet, n'existent que par leurs actions et réactions mutuelles dans un incessant mouvement d'intégration et de désintégration sociale qui les place dans le domaine du devenir beaucoup plus que dans celui de l'être. La sociologie peut donc — elle n'est même positive qu'à cette condition — indiquer les moyens de coordonner, pour des fins conformes aux besoins réels et reconnus tels des individus en société, les mouvements par elle discernés et observés. Cette attitude est plus légitime scientifiquement que celle de l'économique classique, dont les derniers docteurs épuisent le faible crédit qui leur reste à prédire des catastrophes, qui ne se produisent d'ailleurs jamais, chaque fois que la puissance publique intervient pour empêcher la dissociation du corps social par les libres réactions de la catégorie économique.

Il ne s'agit pas, d'ailleurs, de disposer les forces en devenir dans un ordre arbitraire, ni même de les contrarier dans leur tendance organique ; pas même de les grossir artificiellement par un décret législatif instituant prématurément la sociocratie. La science ne peu servir utilement l'irréductible idéalisme socia qui est un des principaux moteurs du progrès politique qu'à la condition de le confronter avec le plus sévère réalisme social, base solide et ferme point de départ de tout essor progressif. Dans le tracé schématique qui va suivre, il faut donc plutôt voir une indication générale de coordination des tendances actuellement observables qu'un programme d'organisation politique à appliquer du jour au lendemain et sans préparation. Ce qu'on propose ici, non pas à l'activité immédiate des hommes d'Etat, mais aux réflexions des hommes d'étude, c'est une direction et non un cadre plus ou moins fixe.

Il est cependant bon d'appeler l'attention des premiers aussi bien que des seconds sur le degré de pénétration de la puissance publique atteint déjà par les associations des diverses catégories, soit pour la seconder dans ses multiples fonctions, soit pour exercer sur elle un contrôle laissé en souffrance par l'inorganisation de la démocratie primaire. Car il est évident que la nécessaire évolution de la démocratie formelle en démocratie réelle par la sociocratie sera favorisée ou contrariée selon qu'on accordera ou refusera importance et utilité à cette pénétration. Pour ce qui est de son importance, on ne pourrait la nier sans aveuglement : en même temps que les associations pénétraient l'État du dehors, il en surgissait de ses propres organes d'administration et de gestion avec le tumultueux bouillonnement d'une force longtemps comprimée. Peut-il y avoir plus de doutes sur son utilité ? Un fait tout d'abord se pose : l'association est en pleine croissance dans toutes les catégories sociales, et nul ne songe plus à contrarier son développement. L'unique préoccupation doit donc être de rechercher les moyens d'amener ce phénomène incompressible à produire le maximum d'utilité sociale et à dépouiller dans la mesure du possible les caractères d'opposition à la sociabilité générale qu'il possède.

Ce fait positif reconnu, un fait négatif se pose avec une égale évidence : par son principe fondamental, par la loi de son évolution propre, la

démocratie politique tend à s'achever en démocratie sociale ; et en même temps elle se trouve
organiquement incapable de cet achèvement par
le suffrage universel et l'Etat tels qu'ils sont ins-
titués aujourd'hui. Aucun des moyens proposés
pour les réformer, représentation proportionnelle et décentralisation administrative, ne fait
disparaître le vice organique d'incompétence
universelle qui permet l'exploitation de la souveraineté de tous par quelques-uns. Refuser
donc l'emploi des associations, nul autre moyen
organique de transformation n'étant, et alors que
celui-ci se propose et s'impose, c'est condamner la démocratie à stagner jusqu'à sa corrup-
tion en césarisme sous l'agression concertée
des conservateurs, ou à se dissoudre en anarchie sous l'assaut désordonné des associations.

II. — *Organisation de la Souveraineté publique*

Nous allons donc examiner comment la souveraineté publique peut, au moyen des associations de catégorie, se réorganiser sur un plan
nouveau et devenir une démocratie réelle par
totalisation de ces démocraties partielles inté-
grées dans le mécanisme politique, non plus au
hasard de leur arbitraire propre, mais selon

une connaissance objective de leur valeur de relation et de leur valeur d'ensemble aussi exacte que possible. Ici, un premier obstacle semble se dresser, comme pour former un cercle vicieux : le faible nombre relatif des individus associés permet-il de leur remettre la souveraineté nationale ? Pour illusoire que soit la souveraineté du suffrage universel, un système qui tend à la démocratie totale ne peut sans contradiction priver de son droit de vote un seul membre adulte de la collectivité nationale. Si donc la souveraineté est exercée par les associations, faudra-t-il y agréger tous leurs ressortissants naturels et considérer comme renonçant à leur part de souveraineté les individus qui refuseront de s'associer ? Oui, certes, de même qu'actuellement, si tous doivent l'impôt et le service militaire, tous ne sont pas forcés de voter ; et l'on a toujours à juste titre refusé de transformer le droit de vote en un devoir positif.

La difficulté peut d'ailleurs être résolue en reconnaissant un caractère spécial à la catégorie économique, la seule qui ait vraiment des ressortissants naturels puisqu'elle se fonde sur la profession, ce qui justifierait l'exception faite. Il suffirait de conférer le droit de vote, pour l'exercice de la souveraineté nationale et des administrations régionales et communales, à tous les

individus majeurs des deux sexes exerçant une
profession et de les inscrire dans les sections
électorales que formeraient leurs syndicats respectifs dans la curie économique. De la sorte,
les oisifs trop insociables pour s'agréger même
à une société sportive ou de récréation ne seraient pas hors du droit civique, puisqu'ils sont
les ressortissants naturels des chambres syndicales de propriétaires. On peut et on doit donner ce privilège à la catégorie économique, constituée en curie électorale comme les catégories morale, éducative, scientifique, hygiénique, esthétique, religieuse et philosophique, à raison de son
importance sociale fondamentale. Elle ne peut
évidemment être l'unique cadre social et politique, comme le demandent certains théoriciens
conservateurs hantés par le souvenir du régime
corporatif, idéalisé jusqu'à déformation, non plus
qu'être ramenée à son contenu syndical professionnel. selon le vœu simpliste des théoriciens
du syndicalisme révolutionnaire. Mais l'équité
exige que la catégorie économique constitue la
pièce fondamentale du mécanisme politique,
comme elle l'est de l'organisation sociale. Les
sections électorales de la catégorie économique :
syndicats professionnels patronaux et ouvriers,
chambres de commerce et syndicats agricoles,
ou résumé toutes les associations par lesquelles

s'exprime l'activité économique de la nation doivent donc conférer le droit de délibération dans
les affaires publique à leurs ressortissants naturels, associés ou non.

Une telle règle ne peut s'étendre aux autres
catégories. Si nous prenons par exemple celle
des associations religieuses, philosophiques et
morales, il va de soi que leur curie ne pourra se
composer que des membres de ces associations,
sous un contrôle sévère de leur nombre et qualité qui exclue toute fraude. Elles sont d'ailleurs
favorisées déjà d'une autre manière, étant donné
le vote cumulatif, qui est un des principes directeurs du système sociocratique et qui mesure le
pouvoir de délibération du citoyen à son aptitude
civique et sociale en lui conférant le droit de
vote dans toutes les associations de catégorie
dont il fait partie. Pour les catégories d'option,
c'est-à-dire pour toutes autres que la catégorie
économique, un stage de la durée d'une législa-
ture pourrait être imposé aux associés nouveaux.
Le droit de vote ainsi conféré aux membres des
catégories d'option constituerait pour leurs associations une prime à la propagande et au recrutement parmi les isolés, équivalente en somme aux
avantages civiques consentis à la catégorie économique. L'individu le plus associé serait de

ce fait le citoyen le plus actif juridiquement, comme il l'est déjà réellement.

Dans un travail sommaire d'indication générale tel que celui-ci, il ne peut être question de ranger en bon ordre les diverses catégories de l'activité économique, éthique et esthétique de la société et d'évaluer leur importance respective. Il s'agit uniquement de poser le principe sociocratique et d'orienter les recherches vers le gouvernement de la société par elle-même, vers une démocratie libérée de la loi du nombre massif et incompétent, et formée désormais par les associations. Puisque déjà les individus les plus évolués demandent aux diverses catégories associées les satisfactions de tout ordre qu'ils ne pourraient se procurer par la lutte et concurrence de l'un contre tous, il tombe sous le sens que la souveraineté nationale doit, elle aussi, sortir de l'indivision et de la confusion pour se placer sous la loi de la division du travail dans les cadres mêmes où les plus évolués appellent et attirent les attardés pour porter au maximum l'activité utile et la valeur de l'individu.

Ici une objection se dresse : Que deviendra la catégorie politique proprement dite ? quelle place ses associations, ses ligues et ses partis tiendront-ils dans l'organisation civique placée sous la loi de la division du travail ? — Aucune,

telle est l'unique réponse qui puisse être raison-
nablement faite à cette question. Les organisa-
tions de combat, unitaires et générales, qui ont
établi ou combattu la démocratie n'ont pas plus
de place qu'elles n'ont de raison d'être dans le
cadre organique de la démocratie réalisée ou
en voie de réalisation par des moyens moins primitifs que les leurs. La multiplication des partis
politiques à mesure que se développe la démocratie, la décroissance parallèle de leur homogénéité et de leur conformisme total, leur incapa-
cité désormais constatée de contenir toute
l'activité civique et sociale des citoyens qui en
font partie nous renseignent suffisamment sur la
caducité de ces instruments d'une période de
transition qui s'achève. Sans insister davantage
sur ce point traité plus haut (1), retenons que la
catégorie politique se vide de son contenu économique, moral, éducatif, etc., à mesure que
grandissent les associations de catégorie. Tout
le contenu civique proprement dit des partis se
distribue dans des groupes spécialisés, à but
civique ou simplement intéressé. C'est ainsi que,
dans le premier ordre, le désir de défendre la
nation tout en échappant au service militaire
obligatoire vient de susciter en Anglete r re l'as-

1. V. chap. IV, pp. 95 à 133.

sociation des « scout boys » qui compte actuellement deux cent cinquante mille adolescents,
et que, dans le second, l'insuffisance de nos services téléphoniques a groupé les abonnés du télé-
phone en une puissante et efficace association
de protestataires.

Ajoutons que l'établissement de la sociocratie
n'étant possible que dans une nation démocratique où toute la vertu des partis politiques a
été épuisée, et non en vain puisque rien n'y
subsiste des vieux cadres sociaux, nul retour
aux institutions féodales ou de privilège inéga-
litaire n'est à craindre. Il suffit de ne donner
valeur civique qu'aux associations fondées sur
un statut d'égalité entre leurs membres pour
éviter jusqu'à l'apparence d'un retour au passé.
Et l'on conviendra que cette éventualité menace
encore aujourd'hui une démocratie insuffisamment défendue par son inorganisation et par la
multiplicité confuse de tâches qui dépassent,
non ses désirs, mais ses moyens actuels, et ris-
quent de la jeter des fièvres de l'impatience à
l'atonie du découragement.

— Mais, dira-t-on, les partis politiques expul-
sés du cadre civique s'y réintégreront par les
associations de catégorie. C'est donner celles-ci
aux partis et à la politique : les syndicats ouvriers
esront socialistes et les associations religieuses

royalistes. Ainsi s'épuisera leur activité intérieure dans la lutte contre les minorités politiques qui voudront les conquérir, comme leur activité extérieure s'exprimera pour une trop forte part en luttes politiques dans le pays et dans la représentation nationale. Il se peut, mais c'est là un résidu que le passé lègue au présent, et qui ne peut être éliminé d'un coup. Par sa nature et sous la pression de la nécessité, l'association de catégorie tend de plus en plus à se limiter à son objet, à être fonction collective de la division sociale du travail (1). Elle discerne déjà trop clairement aujourd'hui l'inanité des luttes politiques pour ne pas les éliminer assez rapidement de son activité. Son accroissement même fera d'elle le théâtre d'autres conflits intérieurs et l'agent d'autres conflits extérieurs que ceux de la politique classique, devenue aujourd'hui purement formelle. Le groupe économique, par exemple, saura, comme il le fait déjà, renvoyer à leur loge ou à leur cultuelle ceux de ses membres qui voudront l'entraîner vers la libre pensée ou vers la religion aux dépens de son activité spécifique.

1. V. *L'Individu, l'Association et l'Etat*, ch. III, pp. 109 à 162.

III. — *La Représentation de la Souveraineté publique*

La souveraineté publique se divisant en trois grands pouvoirs, aujourd'hui séparés théoriquement, mais en réalité confondus ensemble et subordonnés aux représentants plus ou moins approximatifs de la volonté commune, l'institution des curies civiques que formeront les associations de catégorie donne à la nation les moyens réels d'exercer sa souveraineté dans l'ordre législatif en même temps que son contrôle éclairé et permanent sur les actes de l'exécutif. On a vu dans les chapitres précédents l'impossibilité où est la démocratie de se développer et de se dépasser par les moyens traditionnels dans un milieu social en incessant développement et en croissante complexité. Il s'agit de rechercher sur quel plan nouveau peut s'établir la représentation de la souveraineté publique, demeurant entendu qu'il ne s'agit pas ici d'un projet de constitution, mais des principes les plus généraux d'une organisation sociocratique.

Quoi ! va-t-on dire, la souveraineté se déléguera donc en sociocratie ? Il y aura donc un parlementarisme e t des représentants ? Que

que soit le mode qui fixe le choix qu'on en fera,
l'emploi des représentants est une nécessité de
la démocratie achevée, plus encore que de la
démocratie primaire. Ne voyons-nous pas déjà
les associations passer du gouvernement direct
par assemblées générales au gouvernement représentatif par congrès, à mesure que leurs membres devenus plus nombreux se répartissent en
plusieurs localités ? La démocratie politique a dû,
elle aussi, adopter le système représentatif lorsqu'elle s'est fondée dans une grande nation homogène comme la nôtre, et utiliser le mécanisme
parlementaire qui fut à son origine une limite
posée par la nation au pouvoir de la monarchie
héréditaire. Pour certains démocrates radicaux,
suivis par les socialistes, le parlementarisme
doit disparaître devant la législation directe par
referendum, le gouvernement direct et le
fédéralisme. Mais ce fédéralisme communal ou
cantonal, comment le réaliser sans émietter
arbitrairement les grandes formations nationales
actuelles ! Il importe de dissiper ces dernières
fumées du rêve proudhonien à la lumière des
faits contemporains. Or, les unités nationales
sont un fait, ainsi que leur tendance à fédérer
certaines catégories de leur activité ; ce sont là
les préludes certains d'une finale fédération
internationale : les fédérations de lieu dans la

nation ne pourraient que ralentir ce mouvement, que la sociocratie doit plutôt travailler à accélérer. Il va sans dire que la décentralisation administrative, si désirable, n'a rien de commun avec le fédéralisme de lieu et que la sociocratie, c'est-à-dire le fédéralisme de catégorie, ne peut que la favoriser par son organisation même.

Un autre fait non moins évident, c'est qu'à la notion fédéraliste de localité plus ou moins réduite, et qui n'est en France qu'une construction de l'esprit, se substitue plus qu'une notion : une réalité : la fédération de catégorie. La première est à la seconde ce que la patache est à l'automobile, avec cette différence que la patache a au moins eu une réalité objective. Le gouvernement direct n'est possible que dans un fédéralisme d'États minuscules et rudimentaires. Aussi ne le voit-on fonctionner que dans les cantons ruraux les plus arriérés de la Suisse. Les autres cantons ont dû s'adapter à la complexité sociale moderne et recourir au système représentatif pour la législation et pour le contrôle du gouvernement.

Étant une adaptation supérieure, plus adéquate encore, du gouvernement à une complexité sociale dont rien ne nous fait prévoir l'arrêt, la sociocratie doit donc tirer l'organe de souveraineté publique de sa propre constitution et non d'un retour à la démocratie amorphe et primaire dont les Athéniens, dans le temps, et les montagnards d'Appenzell, dans l'espace, nous offrent des exemplaires. Tout d'abord il apparaît clairement qu'elle ne peut mettre de côté le système représentatif, mais bien plutôt le réaliser dans sa plénitude, dussent les catégories chercher un autre moyen que le suffrage sous la loi du nombre afin d'être représentées par les plus qualifiés de leurs membres. Le système représentatif comporte ordinairement deux chambres, dont les attributions sont sensiblement identiques, surtout dans notre pays. Cette division du Parlement se conçoit dans les monarchies, où l'une des chambres représente la nation et l'autre l'aristocratie groupée autour du trône, et dans les républiques fédératives, où elles représentent la nation totalisée et les États qui la composent.

La démocratie politique pure et simple ne peut cependant, dans notre nation à la fois démocrate et unitaire, renoncer sans péril au système des deux chambres. Comme l'en accusent les démocrates les plus radicaux et les socialistes, le Sénat, issu du suffrage indirect est bien trop fréquemment un obstacle aux réformes démocratiques et surtout sociales déjà acceptées par la Chambre, mais ils sont bien forcés de convenir de son utilité pour consolider l'acquis démocratique et social actuel et résister aux courants démagogiques de réaction d'une nation encore insuffisamment organisée. Possédant organiquement ce nécessaire équilibre, la sociocratie peut diviser les fonctions de la représentation nationale en confiant à une des deux chambres la législation et à l'autre le contrôle des actes du gouvernement et des dépenses de l'Etat.

Ainsi la division du travail dans les collectivités devenues des institutions publiques et civiques pourra, non pas donner compétence à tous les citoyens, mais utiliser celle des hommes qualifiés entre tous par le choix éclairé de leurs pairs pour la gestion de la chose publique, soit dans l'ordre du gouvernement, soit dans celui du contrôle, soit dans celui de la législation. Ce fédéralisme de catégorie, plus souple, en même temps que plus réel et plus vivant surtout, que le fédéralisme de localité, pourra agir dans l'organisme social moderne selon les lois mêmes de la biologie ; c'est-à-dire qu'il permettra, sans arrêt de vie publique, l'incessant mouvement d'intégration et de désintégration des collectivités et des individus dans le gouvernement d'une société en incessant travail de renouvellement.

IV. — *Les Fonctions primaires de l'Etat*

L'Etat proprement dit se compose de la réunion des pouvoirs exécutif et judiciaire, celui-ci subordonné à celui-là depuis l'achèvement de l'unité nationale et la concentration de la puissance publique par la monarchie. En dépit des belles formules générales et des nobles exceptions particulières, la démocratie n'a rien changé à ces rapports de l'exécutif et du judiciaire : avec des atténuations dans l'intensité, à la manière du vaccin qui répand le virus dans tout l'organisme, mais sans le rendre inoffensif, au contraire, nous sommes toujours sous le régime de la Convention instituant le tribunal révolutionnaire et lui ordonnant de frapper les ennemis publics. Or, il faut au justiciable des garanties contre l'Etat et contre la justice elle-même. Il les trouve, incomplètes et imparfaites, dans le jury criminel, dont les démocrates sont unanimes pour demander qu'il soit étendu à toutes les juridictions ; mais il les attend encore contre les abus d'autorité des dépositaires de la puissance publique.

L'association de catégorie peut les lui donner et commence déjà à les lui donner, car, en cette matière, ce sont moins les lois qui manquent que les mœurs. Et, dans la plupart des cas, l'individu ignore encore que l'association peut être l'instrument de son droit. Aussi, livré à ses propres ressources d'isolé, hésite-t-il à perdre du temps et risquer de la dépense pour la réparation d'un menu dommage matériel : il exhale sa colère en récriminations ou en brocards, et passe ; il chante, mais il paie ce qu'il ne doit pas. Ce dommage infime, répété à des myriades d'exemplaires sur ses concitoyens, arrête en eux le développement du sens civique et perpétue les revanches d'une permanente désobéissance aux lois toutes les fois qu'on peut se les permettre sans risques sérieux.

On ne peut d'autre part concevoir un État fort, armé de la toute-puissance des lois, subies parce que voulues de tous, que si les responsabilités de ses agents d'exécution sont à la mesure de l'autorité qui leur est dévolue. Sa puissance, en effet, ne réside pas tant dans les moyens de contrainte dont il dispose que dans l'adhésion à la fois spontanée et réfléchie de la conscience collective. Il importe donc au plus haut degré que chaque citoyen soit pleinement convaincu de la nécessité et de la justice organiques de l'autorité publique, en même temps que bien assuré de pouvoir toujours se défendre contre les erreurs et les abus des agents publics. Cela exige certaines conditions, et en tout premier lieu celle-ci : que les fonctions d'autorité pure soient ramenées au strict nécessaire. Le progrès politique ne consiste pas à supprimer les fonctions primaires fondamentales de l'État, exercées par lui dès qu'il est apparu dans les sociétés humaines, mais à les dépouiller de tout ce qui ne constitue pas exclusivement la sauvegarde de la communauté nationale contre les causes intérieures et extérieures de dissolution.

La police, la justice et la défense nationale, voilà les trois fonctions primaires d'autorité, que l'État proprement dit, c'est-à-dire l'organisme de gestion publique, ne peut réunir dans ses mains sans péril pour la liberté des citoyens et pour le développement de l'esprit civique. La fonction judiciaire n'en est séparée que théoriquement ; il importe qu'elle soit rendue de fait indépendante de toute autre autorité que celle de la raison commune éclairée par tous les moyens humainement possibles. C'est dire que l'élection des juges au suffrage universel, solution simpliste, n'est pas le meilleur système de recrutement judiciaire : il ne peut s'agir de soustraire les magistrats à la servitude que l'exécutif fait peser sur eux pour les placer sous l'arbitraire changeant, passionné, ignorant, tyrannique de masses amorphes qui sont encore des foules prêtes à subir toutes les impulsions plutôt qu'une nation dont chacun des citoyens a signé délibérément le contrat social.

Il est bon que le juge soit assisté d'un jury, mais à condition que le jury soit aussi éclairé que possible. Or, il semble bien qu'en se démocratisant cette institution n'ait pas accru les garanties qu'elle doit à la société et aux accusés, bien au contraire. Nous nous sommes simplement rapprochés de la foule orientale qui condamnait Jésus et acquittait Barabbas. En tirant hors de pair pour ses besoins propres les individus les plus aptes à la gestion d'intérêts collectifs, l'association de catégorie peut fournir un personnel d'élite à la fois pénétré du sentiment de la défense sociale et des droits de l'accusé. Il serait même bon que seules certaines associations fussent d'abord appelées à fournir ce personnel : par exemple celles des catégories morale, médicale et scientifique.

La fonction judiciaire étant d'ordre public et général absolu, on ne peut, sans contrôle extérieur, laisser la catégorie des associations juridiques recruter le personnel des magistrats permanents. Pour nécessaire qu'elle soit à l'exercice de la plus haute et de la plus délicate des fonctions d'autorité, la compétence technique ne doit pas seule conférer un pouvoir aussi

étendu, bien que limité par le jury. Sinon, ce
serait revenir aux corps judiciaires fermés, aux
parlements d'ancien régime, dont, en sociocratie, nul Maupeou ne pourrait venir à bout. Il
faut tenir compte que, de surcroît, il s'agit de
constituer le juge arbitre souverain des conflits
des particuliers avec la puissance publique.
Pour la compétence, désignation du juge par la
catégorie. Pour l'indépendance, nomination du
juge par la représentation nationale, sans pouvoir de révocation ni d'avancement, les cas de
forfaiture étant jugés par la Cour suprême et nul
autre avancement n'existant plus que l'acces-
sion à la Cour suprême par rang d'ancienneté.

L'association de catégorie a encore une autre
utilité, déjà reconnue par l'institution des tribunaux maritimes, consulaires et prud'hommaux.
Le Code civil, qui n'est en réalité que le code
des propriétaires, selon le mot si juste de
M. Charles Benoist, a dû déjà laisser croître à
côté de lui des codes de catégorie, interprétés
par les tribunaux civils et par des tribunaux de
catégorie. Tout en généralisant la pratique des
arbitrages privés, revêtus des sanctions publiques nécessaires par le consentement préalable
des parties, le régime sociocratique est éminem-
ment propre à substituer le plus possible au
Code civil, trop général pour être appliqué à

tous les intérêts, des codes et des tribunaux de
catégorie pour le règlement de tous conflits privés, individuels et collectifs. Il ne resterait
ainsi aux tribunaux et aux juges permanents
que les conflits purement civils et les crimes et
délits. Pour les premiers, la souveraineté du
juge pourrait être tempérée par l'adjonction
d'un jury d'experts de catégorie que constitue-
raient les associations désignées par la nature
même du conflit et la qualité des parties.

Les fonctions de police d'un État moderne,
et à plus forte raison d'un État démocratique
assez évolué pour s'organiser par la sociocratie,
se réduisent au maintien de l'ordre matériel,
qu'il soit menacé par des individus ou des collectivités, et n'agissent jamais pour prévenir,
mais pour réprimer les atteintes à la sécurité
des individus ou du public. De ce chef, en même
temps qu'elles deviennent plus simples et plus
limitées, elles spécialisent davantage ceux qui
les remplissent et portent ainsi le rendement
de sécurité réelle à son maximum. Le flair et
l'ingéniosité que le policier d'ancien régime
déployait dans de louches et parfois scélérates
besognes sont désormais tout entiers tournés
vers une tâche socialement utile. Quand le meilleur de l'activité policière est voué à la surveillance des ennemis d'une favorite ou à la recher-

che d'imprimeries clandestines, et que les récompenses vont à qui remplit le mieux ce misérable office, il en reste peu pour assurer la sécurité des citoyens.

L'exécutif sociocratique peut donc être armé de la fonction nécessaire de police sans autre dommage que pour les insociables organiques ou accidentels, les malfaiteurs. Comme toutes les branches de l'activité publique, celle-ci trouverait, elle trouve déjà dans des associations spécialisées les instruments de surveillance propres à préserver les particuliers de tout arbitraire. Dans l'Etat autocratique, le public est surveillé par la police; dans l'Etat sociocratique, c'est le public qui surveillera la police. D'ailleurs, et c'est une garantie de plus, on ne conçoit pas, en sociocratie, la division actuelle en police générale et police locale, la première relevant de l'Etat et la seconde de la commune. Ramenée à son caractère organique dans une démocratie constituée, la police est essentiellement fonction communale. Mais, à raison même de la facilité des communications dont les malfaiteurs ne se font pas faute d'user, il va de soi qu'il doit y avoir la plus grande et la plus rapide communicabilité possible entre tous les organes communaux de police.

Quant aux attaques des collectivités contre

les particuliers et surtout contre l'ordre public, elles ont un caractère public et général qui permet à la collectivité organisée de les réduire, non par l'organe spécialisé de la police, mais par sa propre intervention, d'autant plus efficace qu'elle sera plus unanime, ou approchant l'unanimité, dans ce nécessaire rappel au respect de la loi commune, et d'autant moins violente qu'elle sera plus forte. Par ses limites plus étroites et le nombre relativement peu élevé de ses membres, la commune forme une association locale réelle, dans laquelle les associations de catégorie, par leurs conflits mêmes, doivent entretenir une vie municipale intense sans confusion des attributions et fonctions, donc sans désordre. Les agressions collectives contre l'ordre public, d'ailleurs moins motivées qu'en ce temps d'amorphisme social et civique, y seront aussi plus aisément contenues. Il se conçoit qu'il n'est pas question des minuscules communes rurales actuelles, mais de localités ou groupes de localités réunissant au moins la population d'un canton d'aujourd'hui.

La nécessaire et légitime fonction de défense nationale ne peut être assumée que par l'État tant qu'elle subsistera. Elle est déjà beaucoup plus réelle et sincère en démocratie qu'en oligarchie de droit ou en monarchie, où domine

une autre conception : celle de l'agrandisse-
ment de puissance territoriale par conquête.
Plus encore que la démocratie pure, la sociocratie est pacifique ; mais, par cela même, elle
est plus qu'elle encore fondée à faire respecter
l'intégrité d'une nation qui n'existe pas seulement par l'histoire qui l'a forgée à coup d'épée,
mais encore par le contrat qui sanctionne sa
volonté délibérée et fait d'elle une association
générale réelle. Sans donc se refuser, bien au
contraire, à une internationalisation progressive
des rapports de fait et de droit, et tout en con-
stituant les moyens réels de cette internationalisation, la sociocratie n'en sera que plus atta-
chée à défendre la nation dans laquelle s'élabo-
rent ces moyens et à la préserver de toute
agression considérée par elle comme enfreignant
l'ordre contractuel, non pas seulement national et présent, mais général et en devenir.

Déjà les associations de catégorie, aidées par
l'État et la commune, contribuent à l'éducation
militaire, qui, après avoir un instant militarisé
la nation à l'excès, nationalise à présent l'armée. Le tir, la gymnastique, l'équitation, la
télégraphie, les ambulances solliciteront à mesure l'activité de la jeunesse sous l'impulsion
des associations spécialisées, animées par l'ému-
lation. Ainsi s'achèvera la socialisation de l'ar-

mée, devenue vraiment la milice défensive qui
diminuera d'autant plus le risque de guerre
qu'elle sera plus fortement organisée. Et le vouloir-vivre national et social sera d'autant plus
vivace et enthousiaste qu'à l'instinct s'ajoute-
ront la pensée réfléchie et le sacrifice joyeuse-
ment consenti.

V. — *Les Obligations morales de l'Etat*

Il est à remarquer que les attributions ajou-
tées par l'Etat à celles qui ont été examinées
plus haut sont à la fois relativement récentes,
et plus que celles-ci, c'est-à-dire directement et
non subsidiairement, des obligations de l'Etat
envers la nation et non des droits de l'Etat ou
d'une caste gouvernante sur la nation. L'enseignement, l'hygiène et l'assistance publics sont
chez nous des produits de la Révolution com-
mencée en 1789 : leur développement est à la
mesure même du progrès démocratique qui fait
de plus en plus considérer l'Etat comme un
service public, notion subsidiaire dans les régi-
mes monarchico-aristocratiques. Longtemps
l'Eglise eut charge et monopole d'enseignement
et d'assistance. Mais à mesure que l'Etat se laï-

cisait et aussi se nationalisait, il enlevait aux congrégations, enseignantes et charitables leur raison d'être. Pour l'enseignement, la nationalisation est assez avancée. Il s'en faut de loin pour l'assistance.

Tous nos rapports de services sont placés sous la loi de l'échange, qui fait de chaque service que nous rendons ou recevons une véritable marchandise par nous vendue ou achetée. Dès la plus haute antiquité, l'enseignement a été une affaire privée, donc placée sous la loi de l'échange. L'Église, grande association morale, a la première reconnu, pensons-nous, le caractère de service public attaché à l'enseignement de la jeunesse. Mais elle ne distribuait le savoir qu'à ses clercs, et lorsque l'étude de la médecine et du droit eut attiré un certain nombre de laïcs, elle conserva la direction des universités et y maintint à la théologie la prééminence sur les autres branches du savoir. Mais le nombre des laïcs avides de science augmentant à mesure que se développaient l'industrie et les arts, elle dut multiplier les écoles et les confier à des congrégations enseignantes ou qui, comme l'ordre des Jésuites, avaient l'enseignement dans leurs attributions. C'était pour elle l'unique moyen de ressaisir l'empire des esprits, tout en limitant leur curiosité et en y réprimant l'essor de l'esprit critique, dans une société dont tous les organes directeurs se laïcisaient progressivement par la lutte victorieuse du pouvoir temporel contre le pouvoir spirituel incessamment enfermé dans des limites plus étroites.

Les fonctions directrices·étant théoriquement accessibles à tous en démocratie, il va de soi que le service public de l'enseignement incombe à l'Etat. La démocratie sociale évoluée en sociocratie ne doit pas, en effet, développer les caractères commerciaux de l'enseignement, mais leur substituer ceux de service public. Elle doit de plus effacer toute trace de mainmise soit de l'Etat, soit de l'Eglise, sur la formation des esprits. Elle seule peut empêcher qu'une doctrine et des dogmes d'Etat se greffent sur la nécessaire communication du savoir, comme ont fait si longtemps les doctrines et dogmes d'Eglise. La sociocratie peut mettre fin à l'alternative dans le cadre même de l'enseignement national, et non par un décret de liberté pure et simple de l'enseignement qui perpétuerait la lutte entre les dogmes d'Etat et les dogmes d'Eglise.

Il suffit pour cela que tous les pères de famille dignes de ce nom s'associent selon leurs préférences pédagogiques, éducatives, doctrinales, et qu'ils passent des accords avec les associations universitaires et libres, même confes-

sionnelles, mais non formées de prêtres ou
de religieux, ces derniers étant encadrés dans
la hiérarchie d'une catégorie dont l'enseignement
constitue un de ses moyens de domination sociale. L'État répartirait les fonds du budget de
l'instruction publique entre ces associations, qui
institueraient l'enseignement de leur préférence.
Il accepterait les programmes établis par elles
sans autre prétention de sa part que d'assurer
aux enfants un enseignement réel de ce qu'ils
doivent savoir pour devenir des hommes, des
citoyens, des producteurs. Qu'on y ajoute son
droit de contrôle sur l'application de ces programmes, et toutes garanties sont données contre le fanatisme et l'immoralité. Pour le reste, faisons confiance à l'inévitable fin du conflit entre
le dogme et l'esprit critique. Celui-ci ne peut se
déployer que dans une atmosphère de liberté.
Loin de le comprimer, déchaînons donc l'esprit
d'association. Nous aurons ainsi un enseignement de liberté dans un État de liberté.

L'art a une valeur éminente d'enseignement.
Déjà, tout en recourant aux nécessaires subsi-
des de l'État, il tend à se libérer par les associations de la tyrannie des formules traditionnelles et des canons d'école. Que l'on veuille
bien se reporter à la belle période d'art des
communes de Flandre et d'Italie, qui étaient des

groupements d'associations corporatives, et l'on ne pourra que présager un glorieux développement esthétique par la sociocratie. On sait quels services l'art reçoit déjà aujourd'hui d'associations de toute nature : ce sont elles qui, après avoir imposé Wagner, ont réveillé la musique française ; elles qui ont renouvelé l'art dramatique et ses techniques avec les Antoine et les Lugné-Poë ; elles qui ont transformé l'atmosphère de la peinture par les Salons d'indépendants.

L'organisation des services publics d'hygiène et d'assistance est encore tellement rudimentaire, dans notre démocratie incapable de s'achever par ses moyens propres, que leur séparation, dans les bureaux du ministère de l'intérieur qui leur sont affectés, date de quelques années seulement. Les associations scientifiques, médicales, professionnelles n'apportent jusqu'à présent qu'un concours sporadique et intermittent à l'organisation des services d'hygiène domestique, industrielle et publique. La sociocratie doit coordonner et systématiser ces efforts encore inorganisés. Par les associations d'assurance et de mutualité, autant que par l'organisation communale de l'assistance publique, la profession médicale perd partiellement ses caractères commerciaux et prend ceux d'une fonction rétribuée

par la collectivité. Cette transformation n'est
encore qu'à ses débuts, et déjà cependant elle a
décidé les médecins à former des syndicats
professionnels pour la défense de leur salaire
contre les associations qui rétribuent leurs services. Tous les éléments d'une organisation
sociocratique de l'hygiène sont donc désormais
constitués.

Il en est de même des services d'assistance,
avec cette différence cependant que les associations privées, confessionnelles ou non, répugnent
le plus souvent à des rapports de collaboration
avec l'assistance publique, nationale ou locale.
Ici, les mœurs auront sans doute à faire plus que
les lois : mais dès que la collectivité publique
remplira plus exactement son devoir d'assistance, les associations charitables encore récal-
citrantes seront réduites à fonctionner ridicule-
ment dans le vide, donc à se dissoudre faute
d'objet, ou à offrir leur précieuse collaboration
aux services publics, qui l'accepteront avec
reconnaissance.

VI. — *Le Domaine économique de l'Etat*

Nous avons constaté la tendance organique
de la démocratie à accroître le domaine et les

attributions économiques de l'État et montré
comme il est peu préparé, dans sa structure
actuelle, aux tâches qui lui incombent de ce
chef. Ce qui dépasse les forces de la démocratie, poussée au socialisme par sa logique essen-
tielle et sa nature organique, est précisément à
la mesure de celles de la sociocratie, puisqu'elle
est une appropriation des collectivités aux fonctions publiques de tout ordre nécessitées par une
vie sociale intensifiée et élargie. C'est même sur
ce terrain qu'elle réalise le plus complètement
la démocratie sociale, non pas tant à raison du
caractère économique qu'elle prend ici, qu'à celui
de l'élimination de tout profit capitaliste du
domaine de circulation et de production progressivement conquis par elle sur le capitalisme.

Quand des particuliers fondent une banque
ou construisent un chemin de fer, le crédit au
commerce et à l'industrie, non plus que le transport des voyageurs et des marchandises ne sont
pour eux un but, mais le moyen de réaliser du
profit sur la mise en valeur du capital qu'ils possèdent. Leur but est donc le profit que leur vaudra le service rendu au public. Lorsque l'État
entreprend de lui rendre le même service, le
profit du capital qu'il engage, défalcation faite
de l'intérêt payé à ses prêteurs au taux du loyer
de l'argent, est restitué au public par création de

services nouveaux ou par réduction des impôts. Le profit est ainsi socialisé : s'il en était de même pour toutes les branches de l'activité économique, il n'y aurait plus d'accumulation capitaliste, donc plus de capitalisme. La démocratie pure ne poursuit pas délibérément la suppression du profit capitaliste, et c'est ce qui la distingue essentiellement du socialisme, dont cette poursuite est l'unique objet. Elle protège les entreprises privées contre la puissance de monopole acquise par celles d'entre elles qui se sont concentrées, et elle n'incorpore ces dernières à l'État que pour libérer les consommateurs de leur tyrannique exploitation. Elle va donc vers des fins socialistes tout en déplorant la disparition de l'individualisme économique des entreprises dispersées et concurrentes, et n'accomplit qu'à regret une œuvre de socialisation économique entreprise au contraire délibérément par le socialisme pur.

La sociocratie constitue le moyen de faire converger la tendance subsidiaire de la démocratie et la tendance capitale du socialisme. Par elle, en effet, l'incorporation au domaine national des entreprises privées devenues les monopoles de fait donne satisfaction à l'individualisme démocratique tout en réalisant un objet du socialisme. Elle se limite, il est vrai, et seule

la socialisation totale peut satisfaire le socialisme. Mais elle se tient ainsi dans la ligne même
tracée par Karl Marx lorsqu'il subordonnait la
socialisation à une préalable concentralisation
capitaliste, cadre primaire de la socialisation
finale, indivision capitaliste de la propriété prépa-
rant son indivision sociale. En remettant aux
associations économiques privées l'œuvre de
volontaire socialisation progressive des mille
industries et négoces qui ne sont pas encore entrés
dans l'indivision propriétaire capitaliste, la sociocratie donne à la fois satisfaction à l'individualisme libéral organique de la démocratie, qui ne
plie que devant la menace du capitalisme en
possession d'un monopole de fait, et au désir
de totale socialisation des modes divers de l'activité économique qui distingue le socialisme.
Et ainsi, la démocratie se socialise, tandis que le
socialisme s'individualise.

D'autre part, et c'est la caractéristique de ce
double et nécessaire mouvement, grâce à la sociocratie, l'individualisme libéral et démocratique ne peut plus considérer l'accroissement du
domaine économique comme un moindre mal imposé par la force des choses ; l'État cessant d'ê-
tre un exploitant direct et confiant son domaine
économique aux associations professionnelles,
qui, par leurs syndicats ou sous leur contrôle,

prennent en concession ou à ferme l'exploitation
des entreprises d'Etat et des services publics.
Un pas est déjà fait dans cette voie par l'admis-
sion du personnel des chemins de fer de l'Etat,
en suite du rachat de l'Ouest, dans le conseil
d'administration de ce service public auto-
nome (1). La faveur avec laquelle la plupart des
démocrates non socialistes ont accueilli cette
innovation marque bien que l'organisation sociocratique de l'Etat, dans ses services publics et
exploitations économiques, est dans le droit sens
de l'institution démocratique. Il ne s'agit donc
que de développer les applications d'un principe
qui ne rencontre plus de sérieuses résistances
dans les esprits.

Etant réellement en démocratie la chose publique, l'Etat ne peut se démocratiser sans, du
même coup, se socialiser. Ce caractère capital
demeurait voilé, et comme ignoré, tant que l'Etat,

1. Quelques années auparavant, un ministre avait supprimé les
amendes comme pénalité et institué des conseils de discipline où
toutes les catégories du personnel sont représentées. Il en avait été
ainsi dans plusieurs autres grands services de l'Etat, notamment les
postes et télégraphes. Fait plus caractéristique : des rapports régu-
liers s'établissent entre les ministres et les associations du personnel administratif et technique, qui sont de véritables syndicats.
Ici, ce n'est plus la démocratie qui, dans sa forme primaire, impose une modification des rapports entre les divers degrés de la
hiérarchie d'Etat, mais la sociocratie qui apparaît par représentation collective en attendant qu'elle s'achève par gestion collective.

limité à ses fonctions d'autorité, ne voyait dans ses rares entreprises industrielles que des moyens commodes de fiscalité. Il se montre en pleine lumière à présent que s'est installée dans les esprits la double notion des services publics économiques, notamment pour le crédit et les transports, et de la suppression des monopoles privés, aussi menaçants pour la vie économique de la nation que pour l'institution démocratique. L'exploitation directe par l'État de ces monopoles et de ces services publics ne peut, d'autre part, se pratiquer selon les modes d'autorité hiérarchique, qui font apparaître avec une netteté criante la division des classes et la subordination de l'une à l'autre, sans supprimer dans l'État et ses organes la démocratie au moment même où elle grandit dans la nation.

La sociocratie résout cette contradiction en socialisant l'instrument de la puissance publique en même temps que celle-ci se socialise, c'est-à-dire s'universalise elle-même, puisqu'elle donne à la fois des caractères démocratiques de liberté et socialistes d'égalité aux organes divers de l'État. Il ne s'agit plus, en effet, de compagnies capitalistes prenant en concession ou à ferme les services publics et entreprises d'État ; mais de compagnies de travail sous le contrôle et avec la garantie des associations professionnelles, et dont la rémunération n'est plus le profit sous forme de dividende, mais le salaire librement débattu du service rendu. Après avoir été capitaliste, le profit ne devient pas ouvrier, il ne constitue pas un privilège de monopole pour une catégorie de travailleurs : il reste acquis à la communauté nationale, qui le capitalise ou le répartit pour l'avantage de tous ses membres, sans exception et sans inégalité. Il va sans dire qu'il en peut et doit être ainsi des entreprises et services municipaux et régionaux, dont on connaît l'importance grandissante et dans lesquels la régie directe gagne tous les jours du terrain sur l'exploitation capitaliste.

VII. — *La Socialisation par les Associations économiques*

Ni le socialisme ni même l'équité pure et simple ne peuvent recevoir complète satisfaction de ce fait qu'une partie de la classe productive, si importante soit-elle, est soustraite à l'exploitation capitaliste par les entreprises et services publics. De plus, le socialisme serait bien sottement et inutilement longanime d'attendre, pour en opérer la nationalisation, que le « libre jeu » des forces économiques ait constitué monopole d'une

branché de production aux mains d'un groupe
de capitalistes. Les deux organes économiques
du socialisme le préservent par bonheur d'une
inertie fataliste qui remettrait à la fin des temps
l'achèvement de son œuvre, qui est l'émancipation de la totalité des producteurs. Combattu et
vaincu dans son domaine direct par la nationalisation progressive des monopoles de fait qui
sont son expression achevée, le capitalisme doit
l'être également dans toutes les parties de l'activité économique sur lesquelles il prélève sa
dîme, ou plutôt la part du lion.

La fonction du syndicat ne se borne pas à
rogner le profit capitaliste par des mouvements
concertés. La marge des bénéfices d'une entreprise ne peut être en effet diminuée au delà
d'une certaine limite sans que le capital se dé-
robe et cherche à s'employer ailleurs. La classe
ouvrière organisée dans les syndicats doit donc
prévoir le moment où, cette limite étant atteinte
sur toute la ligne, le capital se dérobera sur toute
la ligne également et ne sera plus entre les mains
de ses possesseurs qu'un moyen de consommation relativement improductive. Ce moment
serait celui d'une crise économique et sociale
inouïe et sans issue si la classe ouvrière ne s'é-
tait, par les syndicats, préparée à organiser le
travail et à exercer la souveraineté économique.

Car il ne s'agira pas d'éliminer le capital, dont à ce stade d'évolution générale elle ne saurait se passer, mais de se le subordonner en réduisant sa rémunération au taux même de l'intérêt servi par l'Etat à ses prêteurs.

Actuellement, le travail est subordonné au capital ; quand, par les contrats collectifs, les syndicats traiteront de puissance à puissance avec les entreprises industrielles, la force du travail équilibrera celle du capital, dont la marge de bénéfices sera singulièrement réduite au regard de ce qu'elle est à présent. Et quand, sous la protection des contrats collectifs et la garantie des syndicats, les ouvriers auront organisé des sociétés de travail ou commandites, et ainsi éliminé complètement le capitaliste ou ses représentants en tant que chefs de la production, le capital sera subordonné au travail, qui ne paiera ses services qu'à leur prix fixé par la loi du marché. Si l'on compte que les petits et moyens établissements occupent au moins les deux tiers du domaine industriel en France, on voit quel immense champ demeure ouvert à l'activité syndicale des travailleurs pour la conquête de leur émancipation économique.

Cette conquête n'est pas une petite affaire. Tout d'abord les travailleurs ont à se conquérir eux-mêmes, à prouver leur droit par leur apti-

tude. Car ce n'est pas le monopole du capital
qui fait la maîtrise des employeurs. Le capital
n'a pas été tout entier fourni par la nature ; la
main-d'œuvre elle-même n'eût pas suffi à lui
donner l'ampleur qu'il a acquise aujourd'hui, et
le capitaliste n'a pas été le propriétaire fainéant
que se représentent trop complaisamment la plupart des écrivains socialistes. Le capital a horreur des paresseux et des incapables ; si proté-
gés qu'ils soient par le statut juridique actuel, il
les fuit pour aller se remettre aux mains exercées qui le feront se reproduire selon sa loi. La
classe ouvrière doit donc exercer les siennes,
entreprise longue et pénible, mais aussi bienfaisante que nécessaire. D'une part, elle contraint les capitalistes à organiser la production
en même temps que leur résistance par de plus
grandes masses et sur un plus vaste plan. D'autre part, elle élève d'une manière continue la
valeur d'organisation et d'auto-direction de la
classe conquérante et la rend ainsi digne de l'empire.

Cette conquête sera-t-elle contrariée par l'effort parallèle des sociétés coopératives, qui
tendent à subordonner la production à la consommation ? Fondamentalement, non. La coopérative de consommation tend, il est vrai, à
créer, au moyen de ses bonis accumulés, les orga-

nes producteurs des denrées et marchandises
qu'elle répartit entre ses membres. Elle ne soustrait donc à la domination capitaliste les travailleurs qu'elle occupe que pour les faire passer sous
la sienne propre. Mais elle ne transforme pas
ses profits en capitaux privés ; elle les emploie
à étendre sa conquête sur le domaine économique possédé par les capitalistes. Que le dividende
des actions de travail du ministre Briand ou des
actions de jouissance du député Justin Godard,
modes très intéressants de participation obligatoire des ouvriers aux bénéfices, soit socialisé et
employé à commanditer les coopératives de consommation, et l'on verra s'accroître formidable-
ment leur domaine de production, qui ne trouve
sa limite, et sans concurrence, que dans celle des
besoins de leurs membres. La plus-value étant
ainsi socialisée, les producteurs sur qui elle est
prélevée ne peuvent pas la revendiquer, comme
ils font de celle que leur travail donne aux
capitalistes, puisqu'en fin de compte elle leur
est restituée à tous. Le conflit des coopératives
et des syndicats n'est donc pas irréductible, ces
deux forces collectives opérant d'une manière
convergente et au profit exclusif des travailleurs
la suppression du profit sans travail, c'est-à-
dire l'accroissement de leur pouvoir de consommation.

Quand on considère la force grandissante du syndicat et de la coopérative, quand on voit la puissance syndicale dénombrer ses adhérents par millions et la puissance coopérative chiffrer ses opérations par milliards, on ne peut pas douter de l'issue du combat, encore désordonné et confus, qui s'engage contre la puissance capitaliste. Chaque membre utile de la société a donc une triple tâche : comme citoyen, il doit socialiser les monopoles de fait, et en même temps l'État auquel il les remet ; comme producteur, il doit organiser par le syndicat la démocratie du travail ; comme consommateur, il doit reprendre et socialiser le profit capitaliste dans le commerce et dans l'industrie, agricole aussi bien que manufacturière. Lorsqu'il aura pratiqué en lui-même cette nécessaire division de ses activités essentielles, il pourra vraiment être un homme libre et employer sa force accrue de tout l'apport collectif à la création continue de la vie supérieure, la vie de l'art et de la pensée.

VIII. — *Un Socialisme de Liberté et d'Activité*

Si le lecteur a suivi avec attention le développement de ma pensée, et surtout le tracé schématique indiqué dans le présent chapitre, il s'est convaincu que le socialisme dont la sociocratie doit être le cadre en même temps que l'organe moteur n'a aucun des aspects d'harmonie totale et de fainéantise béate qui sont le propre des promesses finales de toute religion à ses fidèles. La vie normale, individuelle aussi bien que sociale, est un effort continu, avec lequel l'homme doit se réconcilier ; car le degré de civilisation se mesure par l'aptitude au travail, c'est-à-dire à l'effort ordonné pour un bien défini.

Il ne s'agit donc pas de compter sur une Providence sociale créée par notre seul bon vouloir et chargée de régler une fois pour toutes un mécanisme universel de production et de distribution qui donne automatiquement le maximum de rendement avec le minimum d'effort, mais de régler sans cesse ce mécanisme et sans cesse le diriger, réparer, améliorer, transformer, afin que s'accroissent les satisfactions. Certes, il y a une limite ; mais d'ici à ce qu'elle soit même concevable, et à plus forte raison atteinte, bien des temps auront passé. Avant que les pâtres indolents et incultes de l'Orient encore presque immobile aient, par leur labeur combiné avec celui des riverains de l'Atlantique, conquis les jouissances supérieures accessibles aujourd'hui à quelques raffinés seulement de notre civilisation occidentale, il y a de la marge pour l'effort

vers la liberté de puissance. Les individus et
les groupes parvenus à cet état supérieur ne
pourront même s'y maintenir que s'ils dépen-
sent le meilleur de leurs forces à attirer les attardés dans leur cercle d'activité communicative
et de distribution contractuelle, et cela à travers
des luttes et des réactions que seuls les esprits
dans l'enfance sont incapables de prévoir.

Nous devons donc considérer le socialisme
comme un devenir meilleur par labeur continu,
non de quelques-uns, mais de tous, et procla-
mer avant tout la socialisation de l'effort. Tra-
vaillons donc de toutes nos forces, sans arrêt
par fatigue ou découragement, à détruire les
préjugés et les illusions que nous avons laissé
croître dans la classe ouvrière à la place de ceux
d'autrefois, et qui y ont poussé avec d'autant
plus de vigueur que le terrain était séculairement
entretenu et ensemencé. Nous avons arrosé
cette mauvaise herbe, non pas tant par paresse
ou par démagogie que par une fraternelle pitié
envers ceux à qui le rêve est d'autant plus pré-
cieux que la réalité leur est plus dure. Cette
cruelle pitié a grandi la distance qui sépare la
réalité du rêve ; elle menace aujourd'hui jusqu'à
l'espérance et son ressort : la volonté. Nous ne
pouvons réparer cette faute qu'en contraignant
les travailleurs à voir, à comparer, à mesurer, à

juger les choses du présent et à se faire ainsi
une vue de l'avenir qui ne soit plus hors de leur
portée d'effort et les sauve enfin de cette alternative : la révolte ou le découragement.

Au nom même de notre idéal de libération
absolue de toute servitude et exploitation de
l'homme par l'homme, devenons des réalistes à
outrance. Appelons les travailleurs au développement continu de leur individualité, montrons-
leur et faisons-leur apprécier l'utilité et la beauté
des plus humbles besognes, lorsqu'elles sont au
service de la collectivité en travail d'émancipation. Faisons descendre l'idéal des nuées loin-
taines et installons-le, désormais vivant et agissant, dans la conscience du travailleur. Il faut à
celui-ci de la vertu, de la morale, du sacrifice.
Ces hautes valeurs ne doivent pas être gaspillées pour un rêve de paradis oriental entretenu
par une exaltation mystique. Elles existent chez
les meilleurs et donnent déjà leurs fruits.

L'ouvrier qui refuse de se laisser acheter par
un poste de contremaître, ou même de consacrer à
sa propre fortune une intelligence qu'il voue tout
entière à l'élévation sociale de sa classe, n'est-il
pas vertueux ? Celui qui s'interdit toute distrac-
tion pour consacrer tous ses loisirs à la propagande sociale n'est-il pas moral ? Celui qui brave
les larmes de sa compagne et les cris de famine

de ses enfants pour défendre le foyer et le pain de ses frères n'est-il pas héroïque ? Souvent ces hautes valeurs exposent qui les porte en lui au soupçon et à l'animadversion de ceux mêmes qu'il sert avec amour, et exaltent son héroïsme jusqu'au sacrifice total. N'est-ce pas un idéal efficace que celui qui inspire ainsi une élite de travailleurs ? N'offre-t-elle pas un modèle achevé et son exemple n'élèvera t-il pas finalement la masse au savoir et au vouloir, sans lesquels il n'est que servitude et exploitation ?

Puisse ce bref ouvrage, fruit de minutieuses et loyales observations, autant que de longues et scrupuleuses méditations, contribuer à préciser l'idéalisme social des partisans de l'émancipation ouvrière ; puisse-t-il les pénétrer d'un réalisme qui mette fin aux efforts inutiles, alors que tant de tâches qui les sollicitent restent en souffrance et tant d'énergies se gaspillent avec l'aveugle générosité de la nature. Puisse-t-il éclairer les démocrates sincères sur la route qu'ils hésitent à suivre et leur faire discerner dans le tumulte actuel un ordre d'association intégrale qui se cherche non à la lueur des torches d'incendie, mais à la lumière à peine entrevue de l'aurore. Puissent enfin les uns et les autres se placer sous la loi de la division du travail et l'imposer aux forces collectives qui se heurtent à tâtons, afin que naisse de ces inévitables conflits une harmonie supérieure, non pas fixe et définitive comme le rêve, mais en devenir permanent comme la vie elle-même. Puisse, en un mot, la démocratie se socialiser. Réalisé et exprimé par la sociocratie, le socialisme sera tel qu'il doit être, tel qu'il peut être : une constante approximation de liberté et d'égalité pour tous les individus, un progrès continu de l'ordre dans la société.

FIN

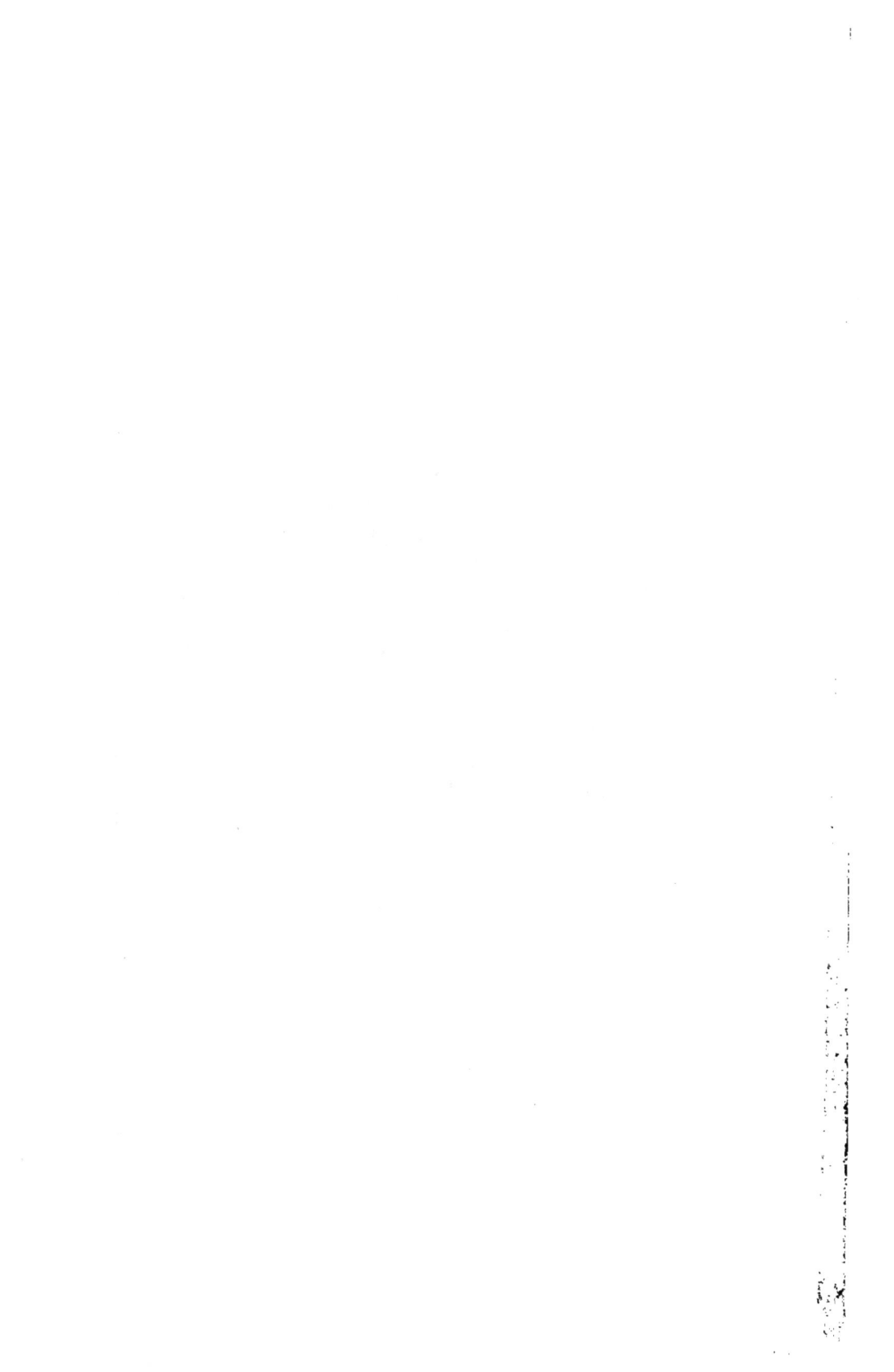

TABLE DES MATIÈRES

Imp. de la librairie V. Giard et E. Brière, 16, rue Soufflot, Paris

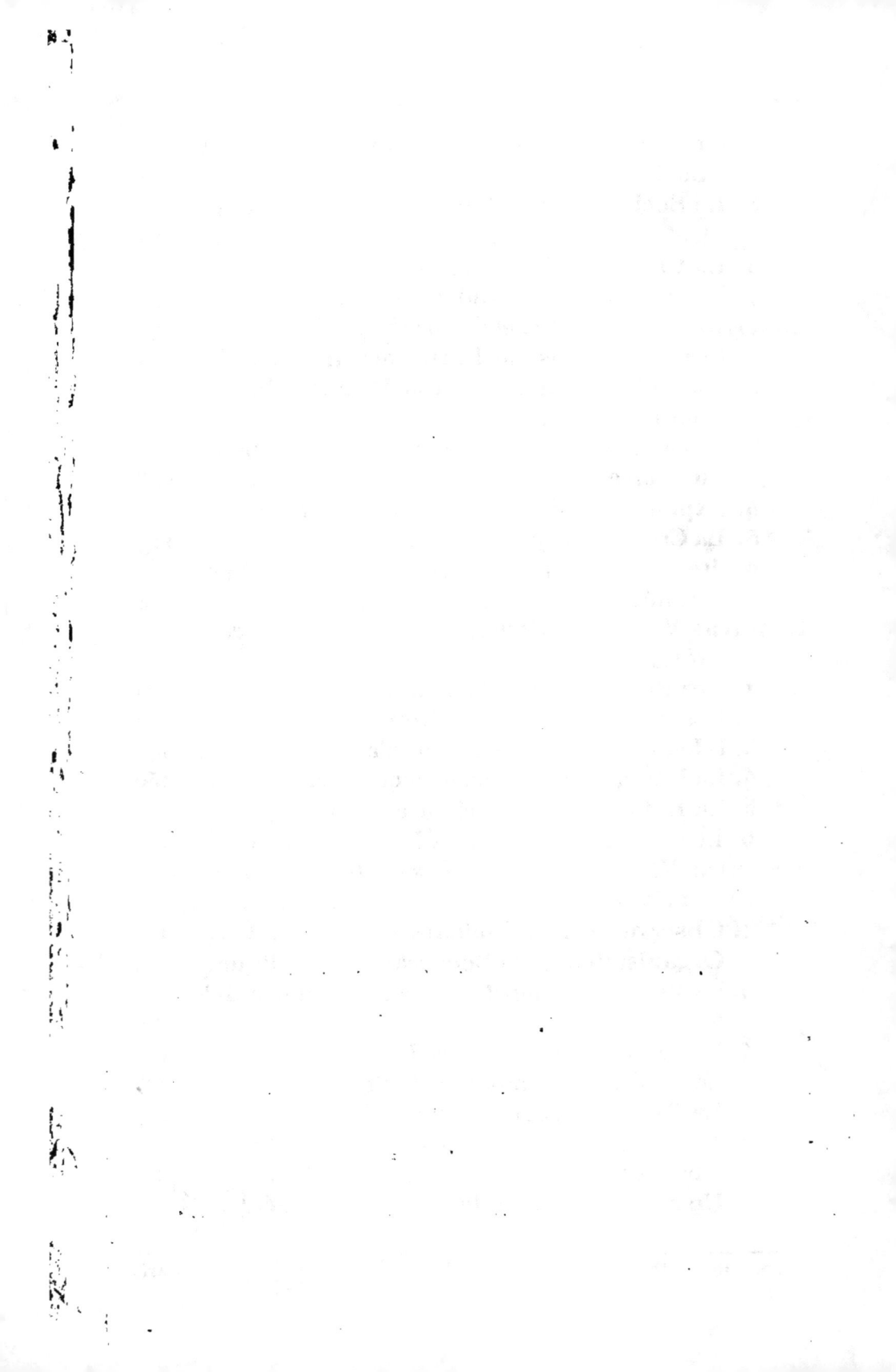

COLLECTION DES DOCTRINES POLITIQUES
publiée sous la Direction de A. MATER

EN VENTE

II. **Le Catholicisme et la Société**, par M. Legendre et J. Chevalier, avec une préface sur l'Eglise et l'Etat, par L. Laberthonnière, 1907, 1 vol. in-18, broché, 3 fr. 50, relié . . . . 4 fr. »

III. **Le Morcellisme**, par C. Sabatier, ancien député, avec introduction, par Maurice Faure, sénateur, 1907, 1 vol. in-18, broché, 2 francs, relié. 2 fr. 50

IV. **Le Solidarisme**, par E. Bouglé, professeur à la Faculté des Lettres de Toulouse, 1907, 1 vol. in-18, broché, 3 fr. 50, relié . . . . 4 fr. »

V. **La Politique radicale**, par F. Buisson, député, 1908, 1 vol. in-18, broché, 4 fr. 50, relié. 5 fr. »

VI. **Le Féminisme**, par Mme Avril de Sainte-Croix, avec préface, par V. Margueritte, 1907, 1 vol. in-18, broché, 2 fr. 50, relié . . . . . 3 fr. »

VII. **La Démocratie individualiste**, par Yves Guyot, 1907, 1 vol. in-18, broché, 3 francs, relié. 3 fr. 50

X. **Le Socialisme agraire**, par E. Vandervelde, 1908, 1 volume in-18, broché, 5 francs, relié. 5 fr. 50

XI. **L'Internationalisme**, par G. Hervé, avocat, 1910, 1 vol. in-18, broché, 2 fr. 50, relié. . . 3 fr. »

XII. **La Politique Chinoise.** — Doctrines des partis en Chine, par Albert Maybon. 1908, 1 vol. in-18, broché, 4 francs, relié . . . . 4 fr. 50

XIII. **Le Socialisme conservateur ou municipal** par André Mater. 1909, 1 vol. in-18, broché, 6 francs, relié. . . . . 6 fr. 50

XVI. — **La Sociocratie**, par Eugène Fournière. Essai de politique positive, 1910, 1 vol. in-18, broché. 2 fr. 50 relié . . . . 3 fr. »

EN PRÉPARATION

I. **Introduction sur les phénomènes historiques**, par Ch. Seignobos, professeur à l'Université de Paris.

XII. **L'Impérialisme**, par F. de Pressense, député.

XIII. **Le Syndicalisme**, par M. Leroy.

VIII. **L'Anarchisme**, par A. Catonné.

XVI. **La Coopération**, par Ph. Landrieu.

IX. **Le Socialisme ouvrier**, par H. Lagardelle.

XV. **Le Capitalisme**, par H. Hauser, professeur à l'Université de Dijon.

www.ingramcontent.com/pod-product-compliance
Lightning Source LLC
Chambersburg PA
CBHW061017280326
41935CB00009B/1004